**Autor** — Fichte
**Título** — Pensamento político de Maquiavel

| | |
|---|---|
| **Copyright** | _ Hedra 2012 |
| **Tradução©** | _ Rubens R. Torres Filho |
| **Título original** | _ *Ueber Machiavelli als Schriftsteller; und Stellen aus seinen Schriften* |
| **Corpo editorial** | _ Adriano Scatolin, Alexandre B. de Souza, Bruno Costa, Caio Gagliardi, Fábio Mantegari, Iuri Pereira, Jorge Sallum, Oliver Tolle, Ricardo Musse, Ricardo Valle |

**Dados** _

Dados Internacionais de Catalogação na Publicação (CIP)

Fichte (1762–1814)

Pensamento político de Maquiavel. / Fichte. Tradução e organização de Rubens R. Torres Filho. – São Paulo: Hedra, 2010. 92 p.

ISBN 978-85-7715-169-1

1. Filosofia. 2. Filosofia Alemã. 3. Filósofos Alemães. 4. Política. I. Título. II. Fichte, Johann Gottlieb (1762–1814). III. Maquiavel, Nicolau (1469–1527). IV. Torres Filho, Rubens R., Organizador. V. Torres Filho, Rubens R., Tradutor.

CDU 101
CDD 100

Elaborado por Wanda Lucia Schmidt CRB-8-1922

Direitos reservados em língua portuguesa somente para o Brasil

EDITORA HEDRA LTDA.

| | |
|---|---|
| **Endereço** | _ R. Fradique Coutinho, 1139 (subsolo) 05416-011 São Paulo SP Brasil |
| **Telefone/Fax** | _ +55 11 3097 8304 |
| **E-mail** | _ editora@hedra.com.br |
| **Site** | _ www.hedra.com.br |

Foi feito o depósito legal.

**Autor** _ Fichte

**Título** _ Pensamento político de Maquiavel

**Organização e tradução** _ Rubens R. Torres Filho

**São Paulo** _ 2012

# hedra

**Johann Gottlieb Fichte** (Rammeneau, 1762–Berlim, 1814), filósofo, consta como um dos principais representantes do idealismo alemão. De origem modesta, estudou teologia em Jena e Leipzig, obtendo seu sustento de aulas particulares. Em 1790, conhece a obra de Kant, que lhe causa profundo impacto. No ano seguinte, viaja a Königsberg para conhecer o autor da *Crítica da razão pura*. Publica em 1792, anonimamente, *Crítica de toda revelação*. Por algum tempo, a obra é atribuída a Kant. Quando a autoria é revelada, ganha fama no meio acadêmico e recebe um convite para lecionar na Universidade de Jena. Com a publicação em 1794 da *Fundamentação da doutrina da ciência*, lança as bases de seu pensamento, que assume o kantismo como ponto de partida, mas recusa a sua tese da coisa em si. Fichte radicaliza o subjetivismo ao afirmar o "Eu absoluto" como princípio de toda filosofia, a qual deve ser eminentemente prática. Em 1799, envolve-se em uma discussão sobre ateísmo e é obrigado a abandonar a cátedra em Jena. Volta a ministrar aulas particulares e também profere conferências públicas em prol do nacionalismo alemão. Em 1809, é admitido na recém-inaugurada Universidade de Berlim, da qual ainda se tornará reitor. Falece de tifo em 1814.

**Pensamento político de Maquiavel** (*Ueber Machiavelli als Schriftsteller; und Stellen aus seinen Schriften*, 1807) foi publicado originalmente na revista alemã *Vesta*. Nele, Fichte intenta arrancar a obra de Maquiavel das interpretações correntes, que reconheciam no autor florentino o exemplo do pensador oportunista que escreve para angariar os favores de seu monarca. Ao contrário, segundo Fichte, a importância do pensamento político de Maquiavel está justamente em não ser apenas mais um modelo transcendental ou ideal de governo como tantos outros, que pouco tem a ver com a realidade, e sim a sabedoria prática resultante da atividade de um homem público em meio aos conflitos políticos de sua época.

**Rubens Rodrigues Torres Filho** (Botucatu, 1942) é filósofo, poeta e tradutor. Professor aposentado do Departamento de Filosofia da FFLCH-USP, publicou *Ensaios de filosofia ilustrada* (Iluminuras, 2004) e *O Espírito e a letra: a crítica da imaginação pura em Fichte* (Ática, 1975). Dono de uma sólida produção poética, recebeu o Prêmio Jabuti em 1981 com o livro de poemas *O voo circunflexo* (Massao Ohno/Roswhita Kempf, 1981). Sua poesia se encontra reunida em *Novolume* (Iluminuras, 1998). Traduziu obras de Nietzsche, Kant, Fichte, Schelling, Novalis, entre outros. Atualmente, dirige a coleção Pólen (Iluminuras).

# SUMÁRIO

Apresentação, por Rubens Rodrigues Torres Filho    9
Nota sobre a edição . . . . . . . . . . . . . . . . . . . . 14

**PENSAMENTO POLÍTICO DE MAQUIAVEL**    **15**

Prefácio    17
Nosso propósito . . . . . . . . . . . . . . . . . . . . 17
Caráter intelectual e moral do escritor Maquiavel . . . . . . . . 19
Sobre o republicanismo e o monarquismo de Maquiavel . . . . 25
Sobre o paganismo de Maquiavel . . . . . . . . . . . . . . 28
Grande liberdade de escrita e de imprensa na época de Maquiavel 31
Os escritos de Maquiavel . . . . . . . . . . . . . . . 34
Em que medida a política de Maquiavel ainda tem aplicação
     também a nossos tempos . . . . . . . . . . . . . . 39

Passagens dos escritos de Maquiavel    53
Extrato da exortação a libertar a Itália dos bárbaros. A Lorenzo
     de Médicis . . . . . . . . . . . . . . . . . . . . 53
Da dedicatória do livro do Príncipe a Lorenzo . . . . . . . . . . 56
Do terceiro capítulo do mesmo livro: [Dos principados mistos] . 60
Capítulo 14 do mesmo livro: Deveres de um príncipe com refe-
     rência aos negócios da guerra . . . . . . . . . . . . . . 62
Do capítulo 21 do livro: Como um príncipe tem de conduzir-se
     para conquistar apreço . . . . . . . . . . . . . . . 66
Capítulo 22 do Livro: Dos secretários dos príncipes . . . . . . . 70
Capítulo 25 do Livro: O quanto pode a fortuna sobre os empre-
     endimentos humanos e em que medida é possível pôr-se
     contra sua influência . . . . . . . . . . . . . . . . 73

Conclusão    85

# APRESENTAÇÃO

1807. A PRÚSSIA está em guerra com a França. Depois da derrota da Áustria em Austerlitz (1805), depois da aliança de Napoleão com pequenos Estados germânicos como a Saxônia, depois da formação da Confederação Napoleônica do Reno, reunindo Bavária, Wurtemburgo, Baden (1806), depois de uma política de alianças desastrada e insegura por parte da Prússia, desejosa de tirar proveito do enfraquecimento austríaco, a declaração de guerra de Frederico Guilherme III fora uma medida tardia, inábil e pouco convicta. Só podia conduzir — como conduziu — a uma sucessão de reveses (Iena, Auerstadt) e, finalmente, ao desmembramento e à ocupação de grande parte do território pelas tropas francesas.

O professor Fichte, de Erlangen, que em outubro do ano anterior deixara Berlim — na mesma ocasião em que o Imperador se viu forçado a retirar-se da capital para refugiar-se na província da Prússia —, encontra-se, temporariamente, em Königsberg. Na verdade, nem chegara a tomar posse de sua cátedra em Erlangen. Com a ocupação da Francônia em setembro e a retirada das tropas prussianas, fora autorizado a adiar sua instalação até a Páscoa de 1807, quando a segurança estivesse restabelecida na região. Agora, esse prazo tornara-se indeterminado, justificando, em dezembro, sua nomeação provisória como professor ordinário de filosofia na Universidade de Königsberg, até a

APRESENTAÇÃO

cessação das hostilidades. Em agosto de 1807, porém, após o tratado de Tilsitt, e apesar de sua repugnância de viver na capital ocupada, o filósofo voltaria a reunir-se com sua família em Berlim, onde iria pronunciar, em 1808, os *Discursos à nação alemã*, dirigindo-se a uma "Alemanha" que tinha, rigorosamente, o estatuto de um ideal transcendental e buscando, para além dos particularismos regionais de prussianos, austríacos, saxões, bávaros ou wurtemburgueses, na *ideia* da unidade nacional, o princípio de um "patriotismo de razão", como o único capaz de inspirar a resistência eficaz ao inimigo.

Essa estadia em Königsberg coincide com o período da vida de Fichte em que repercute nele mais imperiosa, mais dolorosamente, sua exclamação de 1794: "Agir! Agir! É para isso que estamos aqui!". No início das hostilidades, lamentando não ter o mínimo treinamento militar para ir corroborar, de armas na mão, seus ensinamentos, o renomado pensador oferecera-se ao governo para acompanhar as tropas no cargo de "pregador leigo" e, desse modo, pelo menos "inflamar os corações pela palavra". A insólita proposta foi cortesmente recusada, e do projeto só se conservou o esboço de um primeiro discurso. Mas basta ler um trecho desse fragmento para avaliar com que espírito o criador da doutrina-da-ciência se empenhava na tarefa: — "Se (um homem como ele) é obrigado a contentar-se com falar," — diria aos combatentes

se não pode combater a vosso lado em vossas fileiras e, pelo ato, pelo corajoso desafio ao perigo e à morte, pelo combate nas frentes mais perigosas, testemunhar da verdade de seus princípios, a culpa é exclusivamente de sua época, que separou a profissão do estudioso e a do guerreiro; [...] lamenta que sua

# RUBENS R. TORRES FILHO

época não lhe conceda, como concedeu a Ésquilo e a Cervantes, o privilégio de confirmar sua palavra pelo ato vigoroso e, no caso presente, que pode considerar como a nova tarefa de sua vida, preferiria passar ao ato, em vez da palavra. Mas agora, já que só pode falar, deseja falar espadas e raios. Nem quer fazê-lo sem perigo e em segurança. Ao longo destes discursos pronunciará verdades, que aqui convém, com toda a clareza com que as vê, com toda a ênfase de que é capaz, verdades que perante o tribunal do inimigo são puníveis com a morte. Mas nem por isso se ocultará covardemente, e em face de vós dá sua palavra: ou viverá livre com a pátria ou sucumbirá com ela.[1]

A parte que lhe coube, porém, na condição de quase exilado voluntário, na cidade em que fora escrita a *Crítica da razão pura*, foi incluir-se entre "aqueles que não são para o Estado combatentes da linha de frente" e associar-se à tarefa de "desviar a atenção geral da invariável miséria que acompanha a guerra e cultivar na pátria a elevação e serenidade que convém a um grande povo" — como diz o editorial da revista *Vesta*, periódico de circulação local de Königsberg com que passa a colaborar e onde publicará seu ensaio sobre Maquiavel.

"À margem do Báltico, ainda não estão maduros para minha filosofia" — escreve, no mês de maio, desgostoso com a falta de receptividade que encontrara na Universidade seu curso sobre a doutrina-da-ciência e já resolvido a não se demorar naquela cidade. Suas atividades ali, após o cancelamento do curso programado para o semestre seguinte, estão descritas na biografia de Xavier Léon:

aproveitava sua liberdade, pela manhã, para escavar a doutrina-da-ciência, até sentir o cansaço: à tarde, entre outras coisas,

---

[1] *Obras*, vol. VII, p. 510.

APRESENTAÇÃO

ocupava-se com o italiano: traduzia *A divina comédia* de Dante: lia sua tradução do primeiro canto do *Inferno* diante de alguns membros da sociedade [...]. Mas estudava sobretudo Maquiavel.[2]

Desses estudos de italiano – que incluíram também traduções de Petrarca e de 28 cantos do *Purgatório*, em prosa e verso – e das preocupações políticas do contexto, origina-se o estudo sobre o *Pensamento político de Maquiavel (Ueber Machiavelli als Schriftsteller, und Stellen aus seinen Schriften)*, que, publicado na revista *Vesta*, alcançou imediata celebridade e duradoura repercussão. Assim, por exemplo, as considerações sobre a *Arte da guerra* de Maquiavel, que Fichte, como leigo, recomenda ao estudo de "um homem dotado de profundos conhecimentos militares, e que seja sem preconceito e de influência", provocou a aprovação calorosa de "um militar anônimo" que lhe escreve dois anos depois, com a data de 11 de janeiro de 1809, analisando minuciosamente suas proposições;[3] esse *unbenannte Militar*, que atende ao convite de Fichte, embora considerando-se longe de ser "o homem de visão profunda e alta influência" a quem o autor se dirigia, foi identificado por X. Léon, seu biógrafo, como o Barão de Clausewitz – através de uma carta deste a sua noiva, com data de 12 de janeiro de 1809, recomendando em termos semelhantes a leitura do texto de Fichte.

O ensaio tem a estrutura de uma obra de divulgação (o próprio Fichte, segundo testemunhos da época, estava tendo seu primeiro contato com Maquiavel): compõe-se de uma extensa *introdução*, com dados biográficos, históricos

[2] *Fichte et son Temps*, tomo II, 2ª parte, p. 20.
[3] *Fichtes Briefwechsel*, vol. II, nº 598

RUBENS R. TORRES FILHO

e enumeração de obras, acompanhados de ocasionais observações (e apenas um capítulo diretamente interpretativo, onde se indaga "em que medida a política de Maquiavel se aplica aos nossos tempos"); uma *seleção de textos de O Príncipe*, traduzidos para o alemão e comentados; e uma *conclusão geral*, onde se trata menos de Maquiavel que de seus leitores atuais. Mas a interpretação, a inflexão da *leitura* que Fichte faz de Maquiavel, permeia o texto do começo ao fim, incidindo sobre a própria tradução e o recorte dos trechos de *O Príncipe* que inclui. Fichte dá, com isso, um exemplo de escrever sobre um escritor político, o que significaria, já, escrever sobre política e — mais ainda — escrever politicamente.

O que se publica agora é, portanto, a tradução integral desse ensaio, com inclusão dos trechos de *O Príncipe*, traduzidos, com a máxima literalidade possível, da própria tradução alemã de Fichte, que bem merece um cotejo com o original. Seu cuidado e refinamento — seu respeito pelo original — não testemunham apenas a seriedade dos conhecimentos de italiano de Fichte: trazem a marca de suas qualidades de leitor. As discrepâncias que se assinalam jamais ultrapassam os limites do tolerável para a época, que não conhecia o ardor filológico dos dias de hoje, nem resultam em contrassenso ou traição ao original. São algumas poucas interpolações, supressões e condensações, que se tornam particularmente elucidativas quando consideradas como efeitos da *ação da leitura*, assim como, evidentemente, a escolha e ordenação dos textos traduzidos e, em certos casos, algumas soluções estilísticas que afetam, não o sentido, mas o alcance do discurso de Maquiavel.

Na sétima de suas conferências sobre *Os traços funda-*

*mentais da época presente* (1804–5), Fichte estabelecera em termos explícitos o princípio norteador de sua operação de leitura: — "Aquilo que o autor disse uma vez, não podemos dizê-lo mais uma vez ao nosso leitor; pois isso ele já disse, e nosso leitor pode por todos os meios aprender dele. Exatamente aquilo que o autor não diz, mas através do que ele chega a todo o seu dizer, é o que temos de dizer-lhe; aquilo que o autor mesmo, interiormente, e talvez oculto a seus próprios olhos, *é*, e através do que todo o dito vem a ser para ele assim como é, é o que temos de descobrir — temos de extrair o *espírito* de sua letra".[4]

## NOTA SOBRE A EDIÇÃO

Na presente tradução, as passagens de Maquiavel foram destacadas em itálico. Também foram grifados os títulos dos livros citados, e os demais grifos são de Fichte mesmo.

O texto alemão encontra-se nas *Obras completas*, volume XI (volume III das *Obras póstumas*), páginas 401 a 453.

---

[4] *Obras*, vol. VII, p. 109.

# PENSAMENTO POLÍTICO DE MAQUIAVEL

# PREFÁCIO

## NOSSO PROPÓSITO

"Se para o mais digno dos cidadãos costuma-se tocar uma vez só o dobre de finados," – diz Goethe no monumento que erige a Winckelmann – "encontram-se em compensação certas pessoas que por benfeitorias se recomendam de tal forma, que lhes são celebradas festas anuais, em que é exaltado o perene gozo de sua benignidade."[1]

Ao querermos também nós renovar a memória de um desses benignos benfeitores, somos obrigados a limitar-nos a bem mais modestos desejos e expectativas. Pois, para não falar de todas as outras coisas, dá-se também com nosso herói, entre essas coisas outras, um caso bem outro do que o de Winckelmann, já anteriormente reinstalado por Lessing em perfeita honra e dignidade. Há, com efeito, não apenas beneficiários agradecidos, mas também, particularmente em certas regiões e em referência a certos objetos, estipendiários muito ingratos, os quais, em parte

---

[1]O texto de Goethe, *Winckelmann e seu século*, escrito e publicado em 1805, foi concebido como um monumento erigido ao historiador da arte antiga, com o único propósito de descrever o "talhe gigantesco" daquele homem, que introduziu na Alemanha o gosto pela Antiguidade greco-latina, Fichte, ao escrever sobre Maquiavel, toma esse texto como modelo – dimensão, intertítulos, ligação do caráter à obra etc. – Por isso, Nicolavius escrevia a Jacobi, na época, que o ensaio de Fichte tinha "sua forma inspirada pelo *Winckelmann* de Goethe".

# PREFÁCIO

para esconder sua penúria doméstica e persuadir o mundo de que enfrentam sua despesa com recursos próprios, em parte para impedir que também outros encontrem o caminho para o mesmo arrimo e então façam tudo igual a eles, procuram denegrir tanto quanto possível a casa em que lhes são pagas esmolas e colocá-la na pior das reputações. Desse modo encontramos, pois, também o nobre florentino, em primeiro lugar, totalmente mal-entendido e medido segundo uma medida que ele expressamente proíbe, depois caluniado, ultrajado, seu nome usado como pejorativo e, enfim, por defensores inábeis e não solicitados, ainda mais gravemente maltratado que pelos mais malignos dos acusadores. Nós íamos passando e tomamos afeição à aparição. A sombra olhou para nós com um olhar tocante, como que dizendo:

> *At tu, nauta, vagae ne parce malignus arenae*
> *Ossibus et capiti inhumato*
> *Particulam dare.*
> *Quamquam festinas, non est mora longa,*
> *$\qquad\qquad\qquad$[ licebit*
> *Iniecto ter pulvere curras.*[2]

Queremos atender a esse pedido da sombra augusta.

[2]"Tu porém, nauta, não te recuses malignamente dar um grão de areia errante a estes ossos e a esta cabeça insepulta. Ainda que tenhas pressa, não é longa a demora; poderás correr, depois de lançado o pó três vezes". Fichte pressupõe os versos de Horácio como bem conhecidos e por isso não dá a referência. São os versos 23, 24 e 25 (truncado) e os versos finais (35–36) da Ode XXVIII do livro I das *Odes*. O colchete, na citação, indica o corte no texto.

Queremos oferecer uma contribuição para um sepultamento com honra, de um homem de honra, de entendimento e de mérito. Isso, e nada mais, é o fim das páginas que se seguem.

## CARÁTER INTELECTUAL E MORAL
## DO ESCRITOR MAQUIAVEL

Maquiavel repousa inteiro sobre a vida efetiva e a imagem dela, a história; e tudo aquilo que o mais fino, o mais abrangente entendimento e sabedoria prática da vida e do governo são capazes de introduzir na história e, por isso mesmo, desentranhar novamente dela, ele o executa exemplarmente e, como estamos inclinados a acreditar, de maneira privilegiada em relação aos outros escritores modernos de sua espécie. Mas totalmente fora de seu círculo de visão, estão as perspectivas superiores da vida humana e do Estado, do ponto de vista da razão; e àquilo que ele pensa como ideal ele tem tanta aversão que diz: "Se bem que tantos antes dele já deram regras sobre a conduta que um príncipe deve adotar para com seus súditos e amigos, ousa também, depois deles, escrever sobre esse objeto, pois que segue nisso princípios totalmente outros que aqueles. Parece-lhe, com efeito, mais proveitoso ater-se ao feitio efetivo das coisas do que ao imaginário. Inventaram-se tantas repúblicas e principados que no entanto jamais se viram na efetividade, e o 'como se vive' está tão distanciado do 'como se deve viver', que, se alguém, em favor do que deve acontecer, deixasse de lado o que acontece, ensinaria seu discípulo antes a se arruinar que a conservar--se; pois que um homem que quisesse ser bom em todas

# PREFÁCIO

as circunstâncias, entre a multidão daqueles que não são bons, teria necessariamente de arruinar-se".[3]

Muito cordialmente soluciona-se mais tarde alguma confusão que há nesta passagem, e desaparece o que há de chocante, particularmente na afirmação com que a passagem se encerra, quando se vê que a moral de Maquiavel não é, porventura, uma única virtuosidade[4] fechada e concordante em si própria, mas que ela tem virtudes individuais às duzias, das quais ele se queixa, sem dúvida com razão, que não havia como fazê-las entrarem em acordo, nem entre si nem com a destinação de um governante. Se os Estados-modelo imaginários que ele censura são amálgamas de tais disparates, então sua censura é muito justa. Ele mostra mais tarde, de várias dessas suas virtudes, por exemplo, da generosidade ilimitada e insensata, da cle-

---

[3]Cap. 15 de *O Príncipe*. Fichte parafraseia o texto de Maquiavel. Onde se lê a referência a "princípios totalmente outros", o texto trazia: *dubito, scrivendone ancora io, non esser tenuto prosuntuoso, partendomi, massime nel disputare questa materia, dalli ordine delli altri*. Poder-se-ia entender, portanto, que Maquiavel não estabelece *princípios (Grundsätze)* outros, mas deixa de lado os "princípios" para examinar a *verità effetuale della cosa*. Mas Fichte não dá a esta última expressão o peso que lhe dão os comentadores mais modernos, que veem nela o emblema do *materialismo histórico* antecipado por Maquiavel; ele a traduz simplesmente por *"die wirkliche Beschaffenheit der Dinge"*. Assim como de resto não usa nenhuma vez a palavra *verdade* nesse contexto: o oposto de "imaginário" não é *in vero* (Maquiavel), mas *"in der Wirklichkeit"*. A relação *mestre-discípulo* é também inovação do tradutor; o texto dizia: *colui che lascia quello che si fa per quello che si doverrebbe fare, impara più tosto la ruina che la preservazione sua* (desse ponto de vista, o príncipe de Maquiavel seria um autodidata?).

[4]Em alemão: *Tugendhaftigkeit:* isto é, Virtude com V maiúsculo, entendida kantianamente.

FICHTE

mência[5] ou, mais precisamente, do mole sentimentalismo que não consegue decidir-se a consumar a pena em que incorreu o criminoso, que elas não estão de acordo com um príncipe idôneo, e aliás muito corretamente, também em nossa opinião, pois que são antes vícios.

Assim, àquilo que são, por sua vez, virtudes efetivas, uma sábia parcimônia, um rigor que se mantém inexorável sobre a execução da lei, e assim por diante, ele denomina, segundo a linguagem popular, com os nomes de vícios, os de avareza, de crueldade, e assim por diante. Essa limitação das vistas do homem na moral, e a limitação, oriunda dela, de sua linguagem, em que ele, de resto, apenas partilhava da culpa de sua época, mas de modo nenhum havia ele mesmo incorrido nela, é preciso tê-la compreendido antes de todas as coisas, para entender o homem, para poder fazer-lhe justiça: de modo nenhum, porém, se deve julgá-lo segundo conceitos que ele não tem e segundo uma linguagem que ele não fala. A maior das perversões, porém, é julgá-lo como se ele tivesse querido escrever um Direito de Estado transcendental e obrigá-lo, séculos depois de sua morte, a entrar numa escola que mesmo em vida ele não teve ocasião de frequentar.

Seu livro do *Príncipe*, em particular, destinava-se a ser um livro de necessidade e de ajuda para todo príncipe, em toda situação em que um deles pudesse encontrar-se, e ele, guiado particularmente pelo feitio de sua pátria e de sua época, delineia o plano com suficiente amplitude. O empenho próprio de seu coração, que o guiou na composição

---

[5]"Generosidade", em alemão, *Freigebigkeit*, que também se traduzia, na época de Fichte, pelo galicismo *Liberalität*. Quanto à "clemência", Fichte se refere a ela usando o barbarismo *Clemenz*.

PREFÁCIO

desse livro, era o desejo de trazer alguma firmeza e duração às relações de Estado da Itália, que se encontravam em incessante vacilação. Como primeiro dever de um príncipe está lá, portanto, a autoconservação; como sua mais alta e única virtude, a consequência. Ele não diz: "sê um usurpador" ou "apodera-te do governo através de picardias", pelo contrário, recomenda, a propósito do primeiro caso, que antes se pense bem se será possível levá-lo a cabo, e nunca fala do segundo em tom de recomendação. Mas ele diz, isto sim: "uma vez que és um usurpador" ou "uma vez que chegaste ao governo através de picardias, então é sempre preferível que nós, uma vez que te temos, te conservemos, a que um novo usurpador ou pícaro vindo sobre ti apronte novas intranquilidades e picardias;[6] é preciso, pois, desejar que tu te afirmes, mas só podes afirmar-te desta e desta maneira". Também em referência a esses conselhos, todos têm de fazer-lhe a justiça de admitir que são sempre, ainda, os meios mais brandos, e aqueles com os quais a comunidade pode ainda subsistir do melhor modo, os que ele propõe. Nesse contexto, espero, haverá menos repúdio quando se ouve dizer que Maquiavel estabelece, por exemplo, César Bórgia como modelo. Por sua crueldade, ele já o havia riscado da série dos mais notáveis; naquilo, porém, em que o recomenda como modelo, o fato de ter introduzido em uma província totalmente selvagem, em curto tempo, tranquilidade, ordem e segurança pública, de ter-se feito acatar pelos súditos, e assim por diante, isso é

---

[6] "Pícaro" "picardia", em alemão, *Bube, Bubenstücke*. A palavra *Bube*, empregada nesse sentido preciso para traduzir a novela picaresca espanhola, significa também, além de "rapaz" e "velhaco", o valete do baralho.

de fato digno de louvor, tanto mais que era extremamente raro naquela época.

Isto em particular, a época de nosso escritor, nunca se perca de vista ao julgá-lo. Ele narra, por exemplo, e não exatamente com particular expressão de desaprovação, como César Bórgia atraiu para uma cilada vários poderosos barões, entre eles Oliverotto, tirano de Fermo, e os assassinou deslealmente. A história desse Oliverotto, de como ele se apodera da supremacia pelo assassinato traiçoeiro de seu tio, que havia acolhido paternalmente junto a si e educado o órfão prematuro, e de todos os primeiros cidadãos de Fermo, pode ser lida em Maquiavel mesmo e os demais traídos por Bórgia não eram melhores; e, de modo geral, a progressão da história da Itália naquela época repousava em que viesse um novo celerado, desse a recompensa ao antigo celerado amadurecido, até que também ele estivesse maduro e nas mãos de um outro celerado igual a ele encontrasse também seu castigo. A maneira, porém, como eles se deixam enganar por César é resumida por Maquiavel nas seguintes palavras notáveis: "Ele os convenceu de que queria que pertencesse *a eles* aquilo que *ele* havia conquistado, e de que queria contentar-se com o mero título de príncipe, mas ceder o principado mesmo a eles". É um milagre que Maquiavel — segundo o qual a estupidez bem poderia ser também um vício, e que sem dúvida acreditava que, quando se é um grande celerado, é preciso ao menos não ser ainda por cima um grande estúpido — não estivesse muito inclinado a lamentar os enganos ou a ralhar com seu opressor?

Aquela consequência, pois, e aquela sólida sensatez, que ele pretende dos príncipes na vida, e ainda, além

## PREFÁCIO

disso, o que não pretende deles, o fiel amor à verdade e a honradez, são também os traços fundamentais do escritor Maquiavel. O que se segue de algo, ele o diz, e olha em torno de si para todos os lados para ver o que ainda se segue, e diz tudo; cuida unicamente da correção de suas deduções, não tomando conhecimento de nenhuma outra consideração: como se jamais alguém tivesse tido algo contra, e nunca um só fosse ter algo contra a que aquilo que é verdade seja, também, dito.

Muitas vezes ele se demora exatamente nas proposições mais paradoxais, com algo que se poderia chamar, em bom sentido, uma ingenuidade de criança, para que se possa ver como ele o quer dizer e que ele efetivamente o quer dizer assim.[7]

Portanto, seja o que for que alguém possa pensar sobre o conteúdo dos escritos de Maquiavel, eles permanecerão sempre, em sua forma, por esse andamento seguro, claro, inteligente e bem ordenado do raciocínio e por uma riqueza de formulações engenhosas,[8] uma leitura muito atraente. Mas quem tiver o sentido para a natureza ética

---

[7]Esta última observação vale muito particularmente para seu livro do *Príncipe*. Foi, pois, uma ideia muito infeliz que ocorreu ao prefaciador da edição florentina de 1782 dizer que com esse livro Maquiavel não tenha sido sério, que ele seja uma sátira — como aliás, ainda por cima, que esteja refutado pelos *Discursos sobre Lívio*. Que, para um tal prefaciador, *O Príncipe* de Maquiavel tenha permanecido incompreensível, não é um milagre; mas que deveria ter reconhecido o tom de fiel honradez que há nessa obra e, ao mesmo tempo, compreendido que pérfido caráter atribui a seu protegido ao admitir que com esse tom tivesse querido apenas escarnecer a Lorenzo, seria, mesmo assim, de se pretender dele. [Nota de Fichte]

[8]Aqui, no sentido de "espirituosas", "divertidas", "engraçadas" *(witzig)*. A palavra *Witz*, não tendo equivalente exato em português,

FICHTE

de uma obra, que se espelha nela independentemente da
vontade do autor, não se afastará dela sem amor e respeito,
mas também, ao mesmo tempo, não sem lamentar que a
esse soberbo espírito não tenha sido dado um palco mais
regozijante para suas observações.

## SOBRE O REPUBLICANISMO E O
## MONARQUISMO DE MAQUIAVEL

Na Idade Média uma cidade se chamava livre, e república, depois que se havia desvencilhado do império que
à distância a protegia,[9] mas contudo às vezes se tornava
um fardo. Assim nasceram as repúblicas da Itália e as da
Helvécia, em que as últimas tinham algumas vantagens
sobre as primeiras por sua federação, se bem que esta acar-
retasse também guerras intestinas. Todo o resultado dessas
libertações redundava, em regra, em que, em lugar de se
permanecer um membro da grande anarquia, instituía-se
para si uma anarquia própria, e os golpes que se devia re-
ceber eram de agora em diante desferidos com as próprias
mãos. Que tais pequenas repúblicas, por certo, podem prestar bons serviços para fins transitórios no grande plano
do mundo – que, porém, se mesmo após o alcance desses
fins querem permanecer autônomas e significar algo por
si, contradizem em grandes linhas e no todo o propósito
da união social e o progresso do gênero humano e que,
se sucede esse progresso, têm necessariamente de sucumbir – não é este o lugar de demonstrá-lo. Que aspecto

será traduzida sistematicamente por "engenho", pois refere-se a uma
qualidade, não do texto, mas do autor.

[9]Lemos *sie schützte*, e não *nie schützte*, como traz o texto, por
evidente falha tipográfica.

## PREFÁCIO

isso tomava em particular na república florentina, disso Maquiavel mesmo, em sua *História florentina*, é a mais irrecusável testemunha.

Como, contudo, até este dia, ainda se vê que aqueles que cresceram em tais repúblicas e se habituaram desde a infância a considerar-se como livres porque não têm príncipes e a considerar a nós outros como *servidores* dos príncipes, mesmo por viagens e permanência em países monarquicamente governados, pelo estudo da história e da filosofia, só com dificuldade são levados a abandonar o preconceito da república, e como, a partir disto, é necessário concluir que mesmo para aqueles que são dotados da máxima sabedoria e entendimento permanece difícil vencer exatamente essa ilusão, poderíamos por certo admitir, provisoriamente, como possível, que também a Maquiavel, que nestes assuntos costuma ter uma visão muito profunda, sobre este ponto tenha sucedido algo de humano.

Ora, parece-nos, de fato, principalmente a partir do final do terceiro livro de sua *História florentina*, e do início do quarto, verificar-se claramente não só que era assim no universal, mas que ele até mesmo dá sua predileção a um certo partido em sua república e que o partidarismo por esse partido causou ruptura em sua consequência, de resto impecável. A saber, ele pertencia em sua república ao partido da classe média abastada, os *nobili popolani*, como ele os chama;[10] nesse partido, sob o gonfaloneiro

---

[10] É claro que Fichte não está usando a expressão "classe média" (*Mittelstand*) no sentido de hoje, referindo-se a uma camada *no interior* da burguesia. Essa classe era "média" entre os *nobili* e os *popolani*, isto é, era a própria burguesia como tal. Fichte condena o "partidarismo" de Maquiavel por ela.

FICHTE

vitalício, Soderini, ele havia prestado bons serviços ao Estado; e somente isso pode moderar um pouco a admiração de que seríamos tomados, caso contrário, quando ouvimos dele próprio a narração das vidas e feitos de Georgio Scali, ou de Maso e Rinaldo Albizzi (que ele, de resto, elegeu como seus heróis), ou quando o vemos chegar a confessar que esse partido, com sua vitória sobre os partidos opostos, deixara-se arrastar à arrogância, mas que está bem assim, já que dos outros dois partidos, o da alta nobreza e o do grande povo, também não se pode dizer nada mais duro, e ele se esquece, exatamente aqui, de procurar segundo seu método habitual por uma ordem firme das coisas, pela qual se teria prevenido o nascimento dessa arrogância, e uma vez que, se tivesse procedido solidamente segundo sua maneira, teria necessariamente encontrado que Florença não podia ser uma república, assim como ele encontra, por exemplo,[11] onde simplesmente não se trata de Florença, que uma república muito pervertida só pode ser corrigida pela potência ilimitada de um único. E Florença como Estado, segundo sua própria *História*, era pervertida acima de toda medida. Nem mesmo a reforma do Estado proposta ao papa Leão, em que contudo ele o quer sempre como república outra vez, teria remediado o mal profundamente arraigado, como seria fácil demonstrar a partir de Maquiavel mesmo. Origina-se desta circunstância o fato de que Maquiavel contrapõe por toda parte repúblicas e principados um ao outro: ambos como igualmente possíveis, só que devendo ser tratados de maneira diferente.

[11] *Discursos*, livro I, cap. 18

PREFÁCIO

Após sua demissão do secretariado, sucedida ao mesmo tempo que a queda de Soderini, seu expatriamento, os estudos aos quais se dedicou inteiramente em seguida e que tiveram por consequência seus escritos que possuímos, ele parece ter visto que não se tratava mais de Florença somente, mas da Itália inteira, e que esta tinha de ser unificada sob o domínio de um único natural do país. Pois assim ele diz, também, no livro I, cap. 12, dos *Discursos*: "É somente o trono papal que mantém nossa Itália na divisão. Nunca, porém, um país foi efetivamente uno e feliz, senão após ter ficado inteiramente sob a supremacia de uma única república ou de um príncipe, como ocorreu com a França e a Espanha". Essa supremacia una, Maquiavel a encontrava, doravante, nas relações temporais daquela época, em um príncipe, e aliás em Lorenzo de Médicis, que podia contar com o arrimo do papa Leão, que era dos Médicis, e disto originou-se seu livro do *Príncipe*, e a tocante exortação à libertação da Itália com que ele se encerra.

## SOBRE O PAGANISMO DE MAQUIAVEL

Foi dito em nossos dias por homens íntegros, a respeito de outros homens íntegros, em escritos impressos, que estes eram de sentido pagão, e de nenhum modo na intenção de com isso dizer algo mau.[12] Será, pois, permitido tam-

---

[12] É justamente o caso de Goethe, referindo-se a Winckelmann, no texto *Winckelmann und sein Jahrhundert* [Winckelmann e seu século], onde, após descrevê-lo como *O clássico*, abre um capítulo com o título "Pagão", para dizer: a capacidade de Winckelmann para captar o modo de sentir da Antiguidade, "orientado para este mundo e seus bens", com sua "fé em si mesmo", sua "atuação no presente", sua "submissão

# FICHTE

bém, a um escritor que se declarou decididamente, alto e bom som, a favor do cristianismo e contra o paganismo, e cuja justiça para com este último não pode ter contra si a suspeita do partidarismo, servir-se dessa linguagem que já existe, no momento em que é obrigado a admitir, perante a acusação levantada, que considera Maquiavel como um pagão esclarecido, do mesmo modo que papas e cardeais e outros homens idôneos daquele tempo o foram.

O paganismo que se engendra em pleno seio do cristianismo, e naqueles a quem essa religião foi oferecida, tem em comum com um outro modo de sentir ainda mais desprezível a mesma fonte, o repousar junto ao mero mundo sensível, sem senso do suprassensível e, desse modo, sem tato, assim como sem órgão para a metafísica. Se a isto se une um caráter fraco e preguiçoso, e se o espírito inteiro é efetivamente tirado do mesmo pó, somente no qual, aliás, se acredita, nasce a conhecida futilidade, que se mostrou em toda sorte de exemplares de nossa época. Estes, contudo, continuam ainda a estremecer secretamente perante o tempo em que não acreditam. Se, ao contrário, o espírito é efetivamente de origem suprassensível, só que não é capaz de trazer para diante do olho a sua fonte originária, e nasce, o que neste caso não pode falhar, um caráter honrado, reto e rude, se ainda por cima se trata, talvez, de alguém que se lança ao estudo da literatura clássica antiga e é arrebatado e penetrado por seu espírito, nasce então aquela elevada resignação ao destino inteiramente desconhecido, aquele firme repousar sobre si próprio, como o

---

ao destino", sua "admiração pelos deuses quase exclusivamente como obras de arte", só é compatível com um "sentido pagão" (*heidnischer Sinn*), distanciado de toda mentalidade cristã.

PREFÁCIO

único sobre o qual se pode construir, aquele fresco apego à vida, enquanto ela ainda existe, pois para o futuro não podemos contar com nada, aquele conhecido ânimo prometeico, em suma, o paganismo moderno. O cristianismo, porém, é odiado, porque acreditam que com enganosas perspectivas de uma outra vida ele desvia seus adeptos do uso e do gozo da vida presente, que ele estorva na vida atrevida, ousada e fresca, em suma, porque não o conhecem nem são capazes de captá-lo, e o consideram como idêntico à vida monástica. Mas como a vida, em todos os casos, tem mais valor que a morte, e a retidão e rudeza mais valor que a fraqueza doentia, estes são certamente preferíveis de longe àqueles que são tais como eles julgam que o cristianismo faz os homens.

Ora, exatamente um desses era Maquiavel, e também a partir disto se explicam perfeitamente seus erros, assim como suas virtudes, sua limitação, assim como sua desconsiderada franqueza. Contra o cristianismo, contra sua sede de extirpar onde possível os monumentos clássicos, contra a ordem de coisas que este traz consigo no terreno clássico, ele entra às vezes em uma cólera verdadeiramente sublime. Quando alguém fez do belo mundo antigo o *habitat* natural e seu espírito, sem contudo ver que essas destruições dele são todas apenas uma transição necessária para o melhor e mais perfeito que se seguirá delas, pode-se levá-lo a mal por isso? Assim, encontram-se em suas comédias e na *Vida de Castruccio* traços de uma desenvoltura genuinamente pagã e de uma genial impiedade.

Contra essa censura de inimizade contra o cristianismo, tal como ele o conhecia, não é preciso, pois, querer defender Maquiavel; é preciso admiti-la, mas é preciso

avaliá-la com justiça. Com tudo isso, ele teve o cuidado
de despedir-se da vida devidamente provido de todos os
sacramentos da Igreja, o que, para os filhos, assim como
para os escritos que deixou, foi sem dúvida muito bom.

## GRANDE LIBERDADE DE ESCRITA E DE
## IMPRENSA NA ÉPOCA DE MAQUIAVEL

A propósito do capítulo anterior, e como talvez um ou
outro de nossos leitores se admire de como tenha podido
ser tolerado de Maquiavel o que acaba de ser noticiado,
poderia valer a pena, ao início do século XIX, dos países que
se gabam da mais alta liberdade de pensamento, lançar
um olhar à liberdade de escrita e de imprensa que tinha
lugar, ao início do século XVI, na Itália e na sede papal,
em Roma. Apresento, dentre milhares, apenas dois exem-
plos. A *História florentina* de Maquiavel foi escrita por
solicitação do papa Clemente VII, e a ele dedicada. Nela
se encontra, logo no primeiro livro, a seguinte passagem:
"Assim como até este tempo não aconteceu nenhuma notí-
cia de nepotes e parentes de qualquer papa, de agora em
diante a história estará cheia deles, até que em seguida
chegaremos também aos filhos; e então não restará mais
aos papas futuros nenhum degrau a subir, a não ser que,
assim como procuraram até agora instalar esses seus filhos em principados, deixem-lhes também o trono papal
hereditariamente".

A essa *História florentina*, juntamente com o livro
do *Príncipe* e os *Discursos*, o mesmo Clemente, *honesto
Antonii* (assim se chamava o impressor) *desiderio annuere
volens*, concedeu um privilégio, no qual a todos os cristãos,
sob pena de excomunhão, e aos súditos papais, ainda por

## PREFÁCIO

cima, sob pena de confiscação dos exemplares e multa de 25 ducados, é proibido reimprimir esses escritos.

Esse mesmo Maquiavel escreveu uma comédia, *La Mandragola*, que de resto é uma obra muito rica de espírito. Não falaremos da referência dessa comédia aos costumes públicos, e assinalamos apenas o seguinte, que concerne mais de perto ao nosso intento. Tem um papel capital nessa peça um monge e confessor, que inicialmente, em seu santo domicílio, por um abuso de confiança e para que se assegurem dele, é persuadido, e se dispõe, a servir de mediador junto à abadessa, para que esta ministre a uma gestante uma beberagem abortiva, tudo para maior honra de Deus e para poupar ao próximo toda sorte de encrencas; que, em seguida, quando as coisas se tornam sérias, persuade uma mulher honesta e virtuosa, e faz disso uma questão de consciência para ela, pois que com isso se tornará mãe de uma santa alma, a entregar-se a um outro, que não seu marido; que, enfim, em um travestimento que tem lugar em consequência dessa intriga, é obrigado a assumir um papel ridículo. Essa peça foi encenada em Florença com excepcional agrado e, nem bem o papa Leão ouviu falar disso, não encontrou nada mais conveniente que ordenar sua encenação também em Roma.

Isso se explica, certamente. Os papas e os grandes da Igreja consideravam eles próprios todo o seu estado meramente como um prestígio[13] para a plebe mais vil e, se pudesse ser, para os ultramontanos, e eram liberais o bastante para permitir àquele fino e culto italiano que pensasse, falasse e escrevesse sobre essas coisas como eles

---

[13]Em alemão: *Blendwerk*, no sentido kantiano de "ilusão".

FICHTE

mesmos falavam sobre elas entre si. Ao homem culto não queriam enganar, e a plebe não lia. Com a mesma facilidade se explica por que mais tarde foram necessárias outras medidas. Os reformadores ensinaram o povo alemão a ler, invocavam tais escritores que haviam escrito sob os olhos dos papas, o exemplo da leitura tornou-se contagioso para os outros países, e agora os escritores[14] se tomaram uma potência temível e, por isso mesmo, uma potência a ser posta sob vigilância mais rigorosa.

Também esses tempos passaram, e agora, sobretudo nos Estados protestantes, vários ramos do ofício de escrever, por exemplo o estabelecimento filosófico de princípios universais de toda espécie, com toda certeza só são submetidos à censura porque poderia haver escrúpulo em permitir uma exceção, com base no objeto dos escritos, à censura universalmente introduzida, e seria difícil determinar os limites dessa exceção e manter-se neles. E como, em relação a tais objetos, encontra-se frequentemente que é permitido por todos os modos, àqueles que nada sabem dizer além do que todos já sabem de cor, gastar quanto papel quiserem, mas, se alguma vez for dito efetivamente algo de novo, o censor, não conseguindo captá-lo de imediato e supondo que possa haver ali um veneno, que no entanto permaneça oculto a ele, poderia, para ficar totalmente seguro, preferir reprimi-lo, então, talvez, não se deve levar a mal muito escritor do início do século XIX em países protestantes por desejar para si uma decente e modesta parte daquela liberdade de imprensa que os papas,

---

[14]O texto traz, por erro de impressão, *Schriftsteber*.

PREFÁCIO

**34** | no começo do século *xvi*, concediam universalmente e sem escrúpulo nenhum.

## OS ESCRITOS DE MAQUIAVEL

Sem contar comunicados oficiais durante o secretariado, cartas e similares, os escritos capitais de Maquiavel são os seguintes.

Em primeiro lugar, três livros, *Discursos sobre a década de Lívio*, escritos, como foi dito, após sua demissão do secretariado. Contêm sua doutrina, tal como se apresenta também em seus demais escritos políticos, só que se poderia indicar, como seu caráter capital, a eminente clareza e popularidade, para as quais o caminho lhe estava preparado pelo fato de ter como ponto de apoio um determinado acontecimento ou um raciocínio de seu autor.[15] Nesse mesmo tempo escreveu também seus *sete livros* da *Arte da guerra*.

Que me seja permitido, a propósito da última obra citada, confessar que, se bem que nada entenda da arte da guerra, acredito contudo valer a pena que um homem de profundos conhecimentos sobre assuntos militares, e que seja sem preconceito e de influência, estude a fundo esta obra uma vez mais, e tenho para mim que isso, caso acontecesse, poderia ser de importantes consequências. Nos tempos de Maquiavel a infantaria era tão pouco respeitada na Itália que em um exército de 20 mil homens não chegava a ter 2 mil infantes. Ele mostra que somente a

---

[15]Aqui, poderia vir a calhar, em vários níveis, a observação de François Regnault: *La politique d'un philosophe est sa lecture d'un autre philosophe.* ("A política de um filósofo é sua leitura de outro filósofo".) *Cahiers Pour L'Analyse*, nº. 6, "La Politique des Philosophes".

infantaria constitui o nervo dos exércitos, com argumentos evidentes; desde então essa crença se tornou universal, talvez não sem a colaboração de Maquiavel. Mas há ainda na arte da guerra maquiaveliana um segundo ponto, mais importante e, para nossos tempos, mais decisivo. A saber, até onde pode entrever o não-iniciado nessa arte, é a opinião geral de nossos dias que na guerra a artilharia decide tudo, que só se contrabalança a esta com artilharia ainda mais bem equipada, mas que contra ela mesma não há nenhum contrarremédio; e, de fato, também as últimas batalhas que trouxeram a Europa à triste situação presente foram decididas exclusivamente por esse meio. Inteiramente outra é a opinião de Maquiavel; ele acredita que a artilharia, em batalha campal aberta, só é temível contra covardes, mas que um exército bravo e adequadamente armado não precisa de nenhuma e pode desprezar a do inimigo. Quer transformar todas as batalhas, à maneira dos antigos, em um combate de perto e em luta corporal, e a propósito da artilharia é a favor da investida direta sobre ela, pois que basta ter-se chegado junto dela para que ela esteja perdida sem salvação. À pergunta formulada por outros, quanto a saber se, caso os inimigos dos romanos tivessem tido artilharia para opor-lhes, estes teriam feito suas conquistas, ele responde, muito plausivelmente, ao que nos parece, do seguinte modo: certamente que teriam, pois sabiam defender-se contra os muito mais temíveis elefantes e carros falcatos que lhes eram opostos e vencê-los. Uma mira principal nos exércitos é para ele seu armamento. Assim, ele quer, como a autêntica força dos exércitos, como foi dito acima, a infantaria, e aliás duas espécies delas, que coloca em ordem de batalha, coordenadas uma à outra se-

PREFÁCIO

gundo determinadas regras; primeiramente, uma, armada à maneira dos antigos romanos, completamente encouraçada, com escudo e adagas romanas curtas; a segunda, à maneira dos modernos, com lanças. As baionetas lhe são desconhecidas.

Quando se pondera que desde sempre as alterações nas relações dos povos se fundaram na alteração da maneira de conduzir a guerra e na das armas, e quando se vê que na arte da guerra do presente tudo é posto na artilharia, torna-se evidente que se de súbito, como que brotando da terra, surgisse uma milícia para a qual a artilharia estivesse anulada, esta, de início, ganharia rapidamente e sem resistência o predomínio e poria seu comandante em condição de dar à Europa aquela figura que considerasse a correta. E assim, pois, valeria bem a pena que aqueles que não querem a servidão da Europa, mas sua liberdade e sua tranquilidade, tivessem uma vez mais investigado a fundo aquele pensamento de Maquiavel e decidido se ele, que sem dúvida naquela época teria sido facilmente exequível, ainda agora, depois dos progressos feitos pela artilharia desde então, é ainda exequível, e de que maneira. Só é de se desejar que a um tal homem, ao lado das demais qualidades acima mencionadas, não falte, muito particularmente, a de ser sem preconceito, ou de ter a força para abandonar um preconceito. Pois, não obstante nós mesmos, como é justo, abstermo-nos de todo juízo neste assunto, permitimo-nos contudo observar que, por outro lado, sabemos com certeza que há em todas as coisas prodigiosos espantalhos, diante dos quais o presente é totalmente incapaz de passar e dos quais a posteridade rirá, e que, a propósito da guerra, não podemos impedir-nos

FICHTE

da secreta suspeita, que sem dúvida confessamo-nos incapazes de fundamentar, de que possivelmente o respeito perante a pólvora é uma dessas prodigiosas limitações do pensamento e da coragem modernos.

Os resultados dos dois escritos mencionados ele o apresentou, em seu escrito *O Príncipe*, a Lorenzo de Médicis. Assim o diz ele mesmo, na dedicatória a este: "Acredito não poder trazer a Vossa Magnificência melhor presente, do que pondo-a em condição de aprender em brevíssimo tempo tudo aquilo em cujo aprendizado eu mesmo tive de gastar tantos anos, entre tantos apertos e perigos". Muita coisa nesse livro é do mesmo teor que o que está dito nos *Discursos*; e, se bem que nem tudo o que está contido nesse livro apareça também nos *Discursos*, pois que o primeiro é composto segundo um outro plano, tudo provém do mesmo espírito; é, pois, uma ideia muito infeliz ocorrida ao prefaciador florentino opor a *O Príncipe* os *Discursos*, e querer contestar aquele através destes.

Apêndices a este último escrito são *A vida de Castruccio Castracani*, cuja base histórica se encontra no segundo livro das *Histórias florentinas* de nosso autor: uma espécie de arcontopédia do príncipe maquiaveliano, escrita em imitação de Xenofonte, muito estimado por Maquiavel como autor da *Ciropédia;* do mesmo modo, a *Narrativa de como César Bórgia enganou Vitellozzo Vitelli, Oliverotto de Fermo, o senhor Pagolo e o duque de Gravina, Orsini.* São apêndices, disse eu, do livro do *Príncipe*, como se verifica a partir do texto deste último (se bem que o conteúdo do último escrito possa também ter aparecido em um comunicado oficial), assim como também estão impressos como tais, junto a ele, nas antigas edições, com numeração contínua de páginas. Só que os modernos editores florentinos, que não podiam impedir-se de se envergonhar do príncipe maquiaveliano em nome de seu autor, houveram por bem embaralhar essas coisas, e inseri-las em outra parte, para que nem através delas alguém fosse conduzido à verdadeira tendencia desse livro, e se tornasse mais fácil para eles lançar nos olhos do leitor sua poeira mofada e malcheirosa.

Tudo o que foi citado foi escrito, como se verifica a partir dos próprios escritos, ainda sob o governo do papa Leão. Os últimos e mais tardios de seus grandes trabalhos de escritor são os oito livros de *Histórias florentinas*, terminando com a morte de Lorenzo de Médicis, o neto de Cósimo. Ele havia trabalhado na preparação da continuação, e uma parte desses trabalhos preparatórios nos foram comunicados pelos novos editores, sob o título *Fragmentos históricos*.

Lemos ainda dele quatro comédias próprias (entre as quais uma inteiramente em versos) e uma tradução da *Andria* de Terêncio. Dentre as primeiras, *Clizia* é sem dúvida uma mera imitação razoavelmente fiel da *Casina* de Plauto, e também para as outras Plauto serve de modelo. Contudo, é possível gabar, em particular da já citada *Mandragola*, que intriga e engenho são próprios e originais, o que de pouquíssimos dos demais cômicos modernos se pode gabar, os quais na maior parte se reduziriam a nada se lhes fosse tirado o que emprestaram de Terêncio e, sobretudo, de Plauto; assim como, por exemplo, algumas facécias do tão valorizado Molière, nas quais o leigo jamais o notaria, por exemplo no *Anfitrião*, no *Avarento* e assim por diante, encontram-se bem fielmente e, ao que nos parece, ditas com muito mais engenho, nos modelos dessas comédias em Plauto. No prólogo a essa *Mandragola* diz Maquiavel: "Caso este objeto, em sua insignificância, não pareça digno de um homem que quer valer por sério e sábio, desculpai-o com o fato de que, através desses jogos da fantasia, ele desejou alegrar as horas atribuladas que vive, pois que justamente agora não tem nada de outro a que voltar suas vistas e lhe é impedido mostrar dons de outra espécie em outros empreendimentos". Que essa escusa, que sem dúvida foi bastante para seus contemporâneos e concidadãos, baste também para a posteridade, caso junto a ela seja necessária uma escusa quanto a isso.

Dois anos antes de sua morte, sucedida em 1527, em seu 59° ano de vida, ele retornou aos negócios de Estado, em toda sorte de encargos extraordinários que recebeu. Não obstante esses significativos encargos e a confiança que puseram nele, e muitas vezes utilizaram, dois papas sucessivos, e não obstante o importante ofício que havia desempenhado ao longo de 14 anos em sua república, morreu na pobreza, cuja dignidade sempre louvara como um nobilitante traço de caráter de uma república; o que só é mencionado como prova de sua própria integridade e modéstia, e não para fazer disso uma censura a seu tempo, sua pátria e seus protetores.


## EM QUE MEDIDA A POLÍTICA DE MAQUIAVEL AINDA TEM APLICAÇÃO TAMBÉM A NOSSOS TEMPOS

O princípio capital da política maquiaveliana e, acrescentemos sem pudor, também da nossa e a nosso ver de

# PREFÁCIO

toda teoria do Estado que entenda a si mesma[16] está contido nas seguintes palavras de Maquiavel: "Todo aquele que funda uma república (ou, em geral, um Estado) e lhe dá leis tem de pressupor que todos os homens são malignos e que, sem exceção nenhuma, darão vazão a sua malignidade intrínseca tão logo encontrem para isso uma ocasião segura".[17] Não é preciso empenhar-se aqui na investigação da questão: se os homens são efetivamente tais como são postos nessa proposição, ou não; numa palavra, o Estado, como instituição de coerção, os pressupõe necessariamente assim, e somente essa pressuposição fundamenta a existência do Estado. Se já quisessem o justo, terias no máximo de dizer-lhes o que é justo; já que, porém, além disso, ainda te resguardas através de uma lei penal, certamente pressupões que não têm a boa vontade, mas uma vontade má, que precisas primeiro reprimir pelo temor do mal maior com que os ameaças, até que, seja como for que permaneça interiormente a vontade deles, o resultado exterior redunde, contudo, como se nenhum deles tivesse má vontade, mas todos, somente boa vontade. E assim que alguém engendra em si a vontade boa e justa, para este quebra-se totalmente a lei penal como estímulo, pois que ele faria o justo mesmo se não houvesse nenhum mandamento e nenhum castigo e, caso o injusto fosse comandado, não o faria contudo a despeito de toda lei penal, e antes preferiria morrer.

---

[16]Em alemão, *die sich selbst versteht.* Num contexto fichtiano, não se pode traduzir simplesmente por "coerente" (como fazem os franceses; a cientificidade de uma ciência consiste, justamente, na clareza da *reflexão:* na compreensão de si mesma e de seus princípios.)

[17]*Discursos*, livro I, cap. 3

FICHTE

Ou, para enunciá-lo em outra formulação ainda: o Estado, como instituição de coerção, pressupõe a guerra de todos contra todos, e seu fim é produzir pelo menos o fenômeno exterior da paz e, caso porventura permanecesse perpetuamente nos corações o ódio de todos contra todos e a volúpia de investirem uns sobre os outros, impedir, contudo, que esse ódio e essa volúpia irrompam em atos.

Há, além disso, uma dúplice relação dos governantes, a saber, com seus cidadãos e com outros Estados. Quanto à primeira, há, mais uma vez, dois casos. A saber, ou o povo não quer ainda, em geral, conformar-se com o domínio da lei e se esforça incessantemente, e lança mão de toda ocasião, para sacudir o jugo e retornar à licenciosidade primeira; então, nesse caso, há guerra entre o príncipe mesmo e o povo, isto é, há guerra entre a paz e a guerra absoluta; e o príncipe, já que pura e simplesmente, e quer agrade ou não ao povo, deve haver legalidade e paz, adquire nesse caso o direito divino da guerra contra um tal povo, ao lado de todos os direitos que estão contidos nesse primeiro, os quais não é necessário discutir aqui. Ou, o que é o segundo caso, o povo se acomodou à lei e se habituou à submissão a ela, tanto em geral, quanto à ordem como ela se enuncia e se põe em atividade nessa Constituição, e, ainda que sempre alguns indivíduos possam pecar contra a lei, a massa entretanto não se levanta mais para opor-se a seu cumprimento. Neste caso, há paz entre o príncipe e o povo, e o povo como povo é e permanece perfeitamente justo perante o príncipe, expulsando de si o indivíduo injusto e deixando-o entregue aos rigores da lei.

Os preceitos de Maquiavel são calculados para um país em que, no tempo em que ele escreveu, ainda tinha lugar o

PREFÁCIO

primeiro caso; e ele sabe tão bem disso que não se esquece de lembrar repetidamente que em outros países, onde os governos estejam mais consolidados, por exemplo na Alemanha, Espanha, França, essas regras não encontram aplicação. Em nossa época, particularmente na nação para a qual escrevo de imediato, entre os alemães, o segundo estado de coisas já se introduziu há séculos, os príncipes estão em paz com os povos e, sob esse aspecto, não precisam para com eles de nenhuma política,[18] e de nenhum outro meio para amansá-los, a não ser a própria lei: e assim, pois, toda essa parte das doutrinas de Maquiavel, de como trazer sob o jugo da lei um povo relutante, para nossa época está liquidada.

Mas de nenhum modo está liquidada a segunda parte, concernente à relação com outros Estados; ao contrário, pelas ricas experiências dos quase três séculos que a história se tornou mais velha, desenvolvendo-se desde então em força e plenitude totalmente outras, e igualmente por

---

[18]O contexto desta frase deixa claro o sentido que Fichte dá à palavra *política*. Vale a pena ler os textos políticos de Fichte dessa perspectiva (a política como atividade constitutiva ou instituinte do Estado), que se torna mais clara com a definição de 1800: "O Estado efetivo pode ser representado como engajado na instituição gradativa do Estado de razão. Quanto a ele, a questão não é apenas, como quanto ao Estado de razão, o que é *de direito*, mas sim: quanto, daquilo que é de direito, sob as condições dadas, é *exequível*. Se se chamar de *política* a ciência do governo do Estado efetivo segundo a máxima apresentada, essa política estaria no intermédio entre o Estado dado e o Estado de razão: descreveria a linha contínua pela qual o primeiro se transforma no segundo, e terminaria no puro Estado de razão" (*Obras*, vol. III, pp. 498–99). Tão central quanto a imaginação como mediadora entre o sensível e o inteligível, ela é, para Fichte, o meio-termo entre "história" e "filosofia".

# FICHTE

uma filosofia mais profunda, essa segunda parte foi ainda reforçada e aguçada de maneira ainda mais marcante.

Contra todo erro de julgamento sobre essa relação mútua dos Estados um com o outro está plenamente assegurado quem põe, também no fundamento desta, a proposição que linhas acima foi colocada no topo e admite que cada qual lançará mão de toda ocasião para prejudicar o outro todas as vezes que acreditar ver nisso sua própria vantagem. Também aqui não é preciso empenhar-se na investigação, se os homens têm efetivamente esses sentimentos ou não, disso não falamos, nem vem ao caso aqui. Dissemos apenas: segundo essa pressuposição é preciso fazer seu cálculo. Pois, já que contudo é sempre pelo menos possível que assim seja, então, se contaste com isso, e assim sobrevém, estás coberto, enquanto, se não tivesses contado e contudo sobreviesse, apenas ficarias parado e te tornarias a presa; mas, se não sobrevier assim, tanto melhor para ti, pois que podes usar de uma outra maneira, para tua vantagem, a força que mantinhas pronta para a resistência. Ainda mais necessário é que, mesmo sem pressupor em qualquer indivíduo a mínima malignidade, se chegue entre Estados a essa relação de permanente volúpia da guerra, por jamais poder ter lugar entre eles, como entre os cidadãos de um Estado fechado e ordenado, um Direito certo e estipulado. É possível, certamente, demarcar limites territoriais, mas não é apenas sobre teu território que vai teu direito e se funda tua segurança; é também sobre teus aliados naturais e, em geral, sobre tudo a que podes estender tua influência e com que podes engrandecer-te a seguir. Além disso, toda nação quer ampliar o bem que lhe é próprio até onde puder e, no que depender dela, incorpo-

## PREFÁCIO

rar a si o gênero humano inteiro, em decorrência de um impulso implantado nos homens por Deus, sobre o qual repousa a comunidade dos povos, o atrito mútuo entre eles e o avanço de sua cultura. Ora, como isso todos querem, entram necessariamente, e mesmo que fossem todos governados por espíritos puros e perfeitos, em conflito, e a resposta à questão polêmica "se este é aliado natural teu ou de teu vizinho e onde devem ser traçados os limites da influência que compete a cada um de vós" raramente encontrará na razão uma premissa.

Seria, pois, sempre desejável ainda que nossos políticos se convencessem, de tal modo que nunca mais de agora em diante o perdessem de vista nem por um instante e jamais surgisse neles a mínima dúvida ou qualquer inclinação a permitir uma vez uma exceção, das seguintes duas proposições:

1. O vizinho, a não ser que tenha de considerar-te como seu aliado natural contra uma outra potência temível para ambos, está sempre pronto, na primeira ocasião em que puder fazê-lo com segurança, a engrandecer-se às tuas custas. Tem de fazê-lo, se é prudente, e não pode deixar de fazê-lo, mesmo que fosse teu irmão.

2. Não é suficiente, de modo nenhum, que defendas teu território próprio, mas mantém os olhos imperturbavelmente abertos para tudo o que pode ter influência sobre tua situação, não toleres que algo qualquer no interior desses limites de tua influência seja alterado em tua desvantagem e não descuides, nem por um instante, se podes alterar algo ali em

tua vantagem; pois fica seguro de que o outro fará 45
o mesmo, tão logo o possa, e se descuidas de fazê-lo
em tua parte, ficarás para trás dele. Quem não au-
menta diminui quando os outros aumentam. Fica
muito bem para um cidadão privado dizer: tenho
o bastante e não quero mais nada: pois este, com
uma tal modéstia, não incorre no perigo de perder
também aquilo que tem, pois que, caso alguém o
ataque em sua antiga posse, saberá encontrar o juiz.
O Estado, porém, que desdenha apropriar-se das
novas forças que a ele se oferecem para a defesa de
sua antiga posse, não encontra, quando é atacado,
talvez com as mesmas forças que descuidou de ad-
quirir, em sua antiga posse, nenhum juiz a quem
possa apresentar queixa de sua necessidade. Um Estado que exercesse continuadamente esse modesto
comedimento teria de ser ou muito favorecido por
sua situação, ou uma presa de muito pouco atra-
tivo, para não ser em breve despojado daquilo com
que se bastava seu modesto comedimento e para
não encontrar que as palavras: "não quero ter nada
mais", tivessem tido propriamente a significação
"não quero ter absolutamente nada", e "não quero
sequer existir". – Entende-se, de resto, que aqui se
fala sempre de Estados de primeira ordem, que têm
um peso autônomo no sistema europeu de Estados,
mas de nenhum modo de Estados subordinados.

Disto decorrem duas regras fundamentais. A primeira
– que acaba de ser introduzida ao mesmo tempo que a segunda proposição: sem perda de tempo lançar mão de toda

ocasião para fortalecer-se no interior dos limites de sua influência e extirpar logo pela raiz todo mal que nos ameaça no interior desses limites, e antes que tenha tempo para crescer. Bem mais abaixo apresentaremos uma palavra de Maquiavel concernente a esse objeto, e por isso não nos detemos mais demoradamente aqui em seu exame. A segunda: jamais confiar-se à palavra do outro quando se pode forçar uma garantia; caso, porém, isso não seja possível no momento, tomar de agora em diante como mira principal conseguir ainda essa garantia, para que ao menos seja mais curto possível o tempo em que temos a mera palavra como penhor; conservar-se sempre em situação de poder forçar a boa fé; o que pressupõe conservar-se o mais forte, não exatamente em absoluto, o que nem sempre depende de nós, mas contudo no interior de nossos limites, na significação mais ampla da palavra, já fartamente determinada; pois quem, sob esse aspecto, deixou de ser o mais forte, sem dúvida está perdido; absolutamente não abrir mão dessa condição da garantia e, estando em armas, não as depor, a todo risco, antes de ter chegado a ela. Uma defesa corajosa pode reparar todo dano e, se tu cais, ao menos cais com honra. Aquela covarde desistência, porém, não te salva de sucumbir, mas te dá apenas um curto prazo de existência vexatória e sem honra, até que cais por ti mesmo, como um fruto maduro demais. De tal conduta nascem aquelas pazes honrosas, que nem sequer dão a paz, pois que deixam ao inimigo o pleno poder de prosseguir, imediatamente depois de firmada a paz, seus planos, do ponto em que os deixara antes da guerra, que lhe impôs um instante de pausa, e em decorrência da qual temos, por certo, de deixá-lo satisfeito, mas não ele a nós. Por isso,

# FICHTE

também, esses que têm de se haver com tais oponentes podem gabar-se com plena veracidade de seu amor à paz, já que de fato é de se acreditar, da parte deles, que preferem que os vizinhos assistam tranquilamente ao saque de seus aliados naturais, talvez de nascença e consanguíneos, e à extirpação de sua influência até seus limites territoriais, e os deixem agir, a que se ponham contra isso com armas na mão; pois a primeira maneira é muito mais fácil e mais segura que a segunda. Amam de fato a paz, ou seja, a deles, e efetivamente não desejam encontrar nenhuma resistência, enquanto conduzem a guerra contra o mundo todo, a continuam e a concluem.

Não se creia que, se todos os príncipes pensassem assim e agissem segundo as regras estabelecidas, não haveria fim para as guerras na Europa. Pelo contrário, como ninguém pensa começar a guerra se não pode fazê-la com vantagem e todos estão sempre tensos e atentos para não deixar a nenhuma uma vantagem qualquer, uma espada manterá a outra em repouso e sucederá uma paz crônica, que só poderia ser interrompida por acontecimentos casuais, tais como revoluções, disputas sucessórias e similares. — Mais da metade das guerras que foram conduzidas nasceram de grandes erros de Estados dos atacados, que deram aos atacantes a esperança de um feliz êxito, e não teriam acontecido se não tivessem acontecido aqueles erros. E como, mesmo assim, o exercício da guerra não pode extinguir-se, se a humanidade não deve entorpecer-se e corromper-se para a guerra, sempre possível outra vez mais tarde, para isso temos ainda, mesmo na Europa, mas ainda mais em outras partes do mundo, bárbaros suficientes, que mais cedo ou mais tarde tem de ser incorporados, pela coerção,

## PREFÁCIO

ao reino da civilização. Em combates com estes acere-se a juventude europeia, enquanto na pátria comum ninguém ousa desnudar a espada, já que vê por toda parte, à sua frente, um espadachim tão bom quanto ele.

Pela perspectiva superior da relação do príncipe com seu povo e com o conjunto da humanidade, do ponto de vista da razão, essas regras são confirmadas, reforçadas e tornadas em dever sagrado. Os povos, com efeito, não são uma propriedade do príncipe, de tal modo que ele possa considerar seu bem, sua autonomia, sua dignidade, sua destinação em um todo do gênero humano como seu assunto privado, e errar à vontade e, quando as coisas andam mal, dizer: pois bem, eu errei, mas, e daí? – o prejuízo é meu e quero suportá-lo; assim como poderia consolar-se, digamos, o possuidor de um rebanho, por cuja negligência uma parte do mesmo tivesse sucumbido. O príncipe pertence à sua nação tão inteiramente e tão completamente quanto ela lhe pertence; a destinação inteira desta, na deliberação eterna da divindade, foi deposta em suas mãos, e ele é responsável por ela. De modo nenhum lhe é permitido afastar-se a seu arbítrio das regras eternas que entendimento e razão prescrevem à gestão dos Estados. Não lhe é permitido, se ele tivesse, por exemplo, negligenciado a segunda das regras acima apresentadas, em prejuízo de sua nação, chegar e dizer: Eu acreditei na humanidade, eu acreditei na fidelidade e na honestidade. Assim pode dizer o cidadão privado; se com isso ele vai à ruína, ele vai à sua própria ruína: mas assim não pode dizer o príncipe, pois este não vai à sua, e não vai sozinho à ruína. Acredite, se quiser, na humanidade, em seus assuntos privados; se se equivocar, o prejuízo é seu; mas

# FICHTE

não arrisque, em nome dessa crença, a nação, pois não é justo que esta e, com ela, talvez outros povos e, com estes, talvez, as mais nobres posses que a humanidade adquiriu em luta milenar sejam pisados na lama, meramente para que possa ser dito dele que acreditou no homem. À lei universal da moral o príncipe está vinculado em sua vida privada, assim como o mais insignificante de seus súditos; na relação com seu povo pacífico ele está vinculado à lei e ao Direito, e não pode tratar ninguém senão segundo a lei vigente, embora conserve o direito da legislação, isto é, do aperfeiçoamento continuado do estado de legalidade; mas em sua relação com outros Estados não há lei nem Direito, fora o direito do mais forte, e essa relação, o divino direito de majestade do destino e da Providência, a depõe, sob a responsabilidade do príncipe, em suas mãos, e o eleva acima dos mandamentos da moral individual para uma ordem ética superior, cujo conteúdo material está contido nas palavras: *Salus et decus populi suprema lex esto.*[19]

[19]"Que o bem-estar e a dignidade do povo sejam a lei suprema." Fichte chama a atenção para o *conteúdo* dessa máxima, a única pela qual o ético-político se situa além do moral-individual. Mas, talvez porque a própria ideia de colocar a política fora da moral (para além de bem e mal?) já desperta suspeitas, esse conteúdo acabou passando para segundo plano aos olhos de quem prefere ver aqui as marcas do autoritarismo. Assim Alexis Philonenko, no capítulo "Fichte" da *História da filosofia de Châtelet* ("A filosofia e a história", Zahar, 1974, vol. 5, p. 90), usa exatamente este texto para mostrar como Fichte, apesar de todos os seus méritos de pensador, acabou por pregar politicamente, aos alemães, um nacionalismo belicista e expansionista cuja periculosidade o séc. xx viria a conhecer, estarrecido. Mas convém reler com cuidado a tradução arrevesada que Philonenko divulga, naquele capítulo, em apoio à sua tese: "Nas relações com os outros Estados, não há Lei nem Direito, a não ser a lei do mais forte; é o que justifica entregar nas mãos

# PREFÁCIO

**50**

  É essa perspectiva mais séria e vigorosa da arte do governo que, a nosso ver, se faz necessário renovar em nossa época. A filosofia do tempo, reinante em cada época, por mais que os homens do mundo se rebelem contra a coisa e por mais difícil que seja virem à confissão dela, jamais deixa de chegar, por uma via qualquer, também a estes, e de moldar também a eles a sua imagem. Essa filosofia do tempo se havia tornado, na última metade do século transcorrido, bastante rasa, doentia e miserável, oferecendo como seu bem supremo uma certa humanidade, liberalidade e popularidade,[20] suplicando que simplesmente se

responsáveis do Príncipe os direitos de soberania divina do destino do Governo Mundial, elevando-o acima dos preceitos da moral individual, numa ordem ética superior cujo conteúdo está contido nestas palavras: *salus et decus populi suprema lex esto"*. Fichte, que foi tão escrupuloso na leitura e na tradução de Maquiavel, não merecia, por sua vez, esse tratamento. Observe-se que a palavra *Weltregierung* (literalmente, governo do mundo) só se usa para referir-se ao governo *divino* do mundo, isto é, conforme sua exata tradução nas línguas latinas, à divina *Providência*, que para Fichte (de acordo com o célebre ensaio que lhe custou a acusação de ateísmo) consiste justamente na "ordenação moral do mundo". – *Majestätrecht* (direito de majestade) é o direito outorgado por uma *Majestätsbrief* (em português, carta-régia); trata-se, pois, de uma *regalia* que o destino e a Providência conferem ao príncipe – a condução da política internacional – e pela qual o príncipe tem de responder (*verantworten*). Cf. mais acima, neste mesmo parágrafo: "Os povos não são uma propriedade do príncipe [...]".

  [20]*Humanität, Liberalität, Popularität:* também nas preleções sobre os *Traços fundamentais da época presente* (1804) Fichte não se cansara de condenar e ridicularizar esse trio de galicismos em que se diluíra, na Alemanha, a senha da revolução francesa (a mudança do sufixo para "ismo" forneceria, talvez, uma tradução mais atualizada). Nos *Discursos à nação alemã* (1808) ele se referirá ainda àquela "frouxa condução das rédeas do Estado, a que chamam, com palavras estrangeiras, *Humanität, Liberalität* e *Popularität*, mas que devemos chamar,

# FICHTE

seja bom e então tudo também será bom, por toda parte
recomendando a áurea via média, isto é, o amálgama de
todas as contradições em um surdo caos, inimiga de toda
seriedade, de toda consequência, de todo entusiasmo, de
todo grande pensamento e decisão e, em geral, de todo e
qualquer fenômeno que se destacasse um pouco da longa e
larga superfície e, muito particularmente, enamorada da
paz perpétua. Ela espraiou sua influência desenervante,
bem marcadamente, também nas cortes e nos gabinetes.
— Desde a revolução francesa as doutrinas do direito humano e da liberdade e igualdade originárias de todos —
decerto os alicerces eternos e inabaláveis de toda ordem
social, contra os quais Estado nenhum pode pecar, mas
com cuja única e exclusiva adoção não se pode nem eri-
gir nem gerir um Estado — foram tratadas, também por
alguns dos nossos, no calor do conflito, com um acento
grandioso demais, e como se na arte do Estado levassem
ainda mais longe do que efetivamente o fazem, e muitas
outras coisas que também fazem parte dessa arte foram
passadas por alto, exagero este que também não ficou totalmente sem influência perturbadora. Ora, decerto não se
deixou de reparar mais tarde essa lacuna, de várias formas;
mas parece que esses escritos, como exercícios escolares e
mercadorias de faculdades, e como não dignos de serem
tocados pelas mãos dos homens do mundo, ficaram esque-

mais corretamente, em lingua alemã, flacidez e conduta sem dignidade" (*79 discurso; Obras*, vol. VII, pp. 270–71). Janson, em seu estudo
sobre o contexto político dos *Discursos* de Fichte (Berlim, 1911), escreve: "*Humanität* e *Popularität* eram precisamente as palavras com
que os amigos dos franceses e partidários do gabinete costumavam
caracterizar o governo de Frederico Guilherme III".

cidos. Então, que alguém, que não é desconhecido nem desprovido de notoriedade, se levante dos mortos e lhes signifique o justo!

# PASSAGENS DOS ESCRITOS DE MAQUIAVEL

## EXTRATO DA EXORTAÇÃO A LIBERTAR A ITÁLIA DOS BÁRBAROS. A LORENZO DE MÉDICIS

*— Jamais, na verdade, o tempo foi mais favorável a um príncipe capaz de tomar-se o criador de uma nova ordem de coisas na Itália do que justamente agora;[1] e se, como eu disse uma outra vez, o povo de Israel tinha de estar na servidão dos egípcios, para que se tornasse manifesta a virtude de Moisés, e os persas oprimidos pelos medas, para que a grandeza de alma de Ciro viesse à luz do dia, e os atenienses dispersos, para que a excelência de Teseu se mostrasse,[2] assim era necessário, no presente, que a Itália fosse atingida por seu destino atual, e que caísse em mais dura servidão que a dos*

[1]O travessão inicial indica que este primeiro período do texto foi abreviado. Maquiavel escrevera: "Consideradas, pois, todas as coisas acima discorridas, pensando comigo mesmo se na Itália do presente corriam tempos de molde a honrar um novo príncipe, e se havia matéria que desse ocasião a um que fosse prudente e virtuoso de introduzir-lhe nova forma que fizesse honra a ele e bem à comunidade dos homens daquela, parece-me concorrerem tantas coisas em benefício de um príncipe novo que não sei qual outro tempo fosse mais apto a isso".

[2]No original, *volendo vedere la virtù* [...], *a conoscere la grandezza* [...], *ad illustrare l'eccellenza* [...]. Os termos escolhidos na tradução (*offenbar würde, an den Tag käme, sich zeigte*) reforçam a associação com a questão da *Darstellung* ou *mise-en-scène* do suprassensível no sensível, que é vital para Fichte: paradoxalmente, a adversidade do meio de expressão (a "letra") favorece a expressão do "espírito".

## PASSAGENS DOS ESCRITOS DE MAQUIAVEL

*hebreus, em mais vexatória escravidão que a dos persas, em mais confusa dispersão que a dos atenienses, sem cabeça, sem constituição, batida, pilhada, dilacerada, invadida, à mercê de todas as espécies de violência e de sarcasmo, para que a grandiosidade de um espírito italiano viesse à luz.[3]*

*E, se bem que ao encontro deste país tenha vindo uma vez o vislumbre de uma esperança de salvação, ele jaz agora como sem vida outra vez, e espera pelo auxiliador que cure suas feridas.[4] Vemo-lo erguer mãos suplicantes a Deus, por um redentor que o resgate dessa crueldade e dessa insolência dos bárbaros. Vemo-lo pronto e preparado a seguir uma bandeira, se se encontrasse mão que a empunhasse. Nem se vê em parte alguma alguém em quem possa esperar mais seguramente do que em vossa ilustre casa que esta, com sua virilidade e com sua fortuna,[5] se faça cabeça dessa redenção. Nem sequer isso vos será muito difícil, se mantiverdes*

[3]*[...] damit die Herrlichkeit eines italischen Geistes an das Licht käme*, em italiano, [...] *volendo conoscere la virtù d'uno spirito italiano.* Sobre o uso da fórmula "vir à luz", cf. nota anterior. Observa-se ainda que Fichte não mantém uma tradução única para a palavra *virtù*, não lhe dando, pois, a importância – de palavra-chave – que lhe é atribuida pela maioria dos comentadores de Maquiavel.

[4]Novo texto abreviado: "E, se bem que até aqui se tenha mostrado algum vislumbre em alguém, que se poderia julgar ordenado por Deus para sua redenção, contudo se viu depois como no mais alto curso de suas ações foi reprovado pela fortuna. De modo que, tenho ficado como sem vida, [a Itália] espera qual possa ser aquele que sare as suas feridas e ponha fim aos saques da Lombardia, às expoliações de Nápoles e da Toscana, e a cure daquelas suas chagas já há longo tempo enfistuladas". O texto contém uma provável alusão a César Bórgia.

[5]No original, mais longamente, [...] *con la sua fortuna e virtù, favorita da Dio e della Chiesia, della quali è ora principe* [...] Fichte traduz sempre *fortuna* por *Glück.*

# FICHTE

*sempre diante dos olhos as vidas e ações dos homens acima nomeados. Pois, se bem que tais homens sejam raros e maravilhosos, não eram contudo nada mais que homens, e a nenhum deles a ocasião foi tão favorável quanto a vós, e sua empresa não era mais justa que esta, nem mais fácil, nem era Deus mais seu amigo que vosso. Aqui há grande justiça, se é justa aquela guerra, que é necessária, e cordial ao homem aquele armamento, onde não resta nenhuma esperança, senão nas armas.[6] Aqui há a máxima propensão de todos, e onde há grande propensão não pode haver grande dificuldade; pressuposto sempre que vos atenhais à maneira daqueles que vos apresentei como modelo.[7] Deus já fez muito por vós, mas jamais quer fazer tudo, para não despojar-nos da vontade livre e da honra que recai de nossa parte.*

*Que não se deixe, por isso, passar esta ocasião, e que a Itália veja enfim aparecer seu redentor. Não posso exprimir com que amor ele será acolhido em todas as províncias que sofreram com essas enxurradas do estrangeiro, com que sede de vingança, com que fidelidade inabalável, com que*

---

[6]A edição usada por Fichte trazia em italiano essa citação de Tito Lívio (IX, 1): *iustum enim est bellum quibus necessarium, et pia arma ubi nulla nisi in armis espes est.* Em outra ocasião Fichte usa a palavra *Menschenfreundlichkeit* (literalmente, "cordialidade pelo homem") para traduzir *umanità*. Aqui, o texto era: *quelli armi sono pietose* [...]

[7]Fichte omite, neste ponto, o seguinte trecho: "Além disso, aqui se veem (fatos) extraordinários, sem exemplo, conduzidos por Deus: o mar se abriu, uma nuvem vos mostrou o caminho, a pedra verteu água, aqui choveu o maná; todas as coisas concorreram para a vossa grandeza. O remanescente deveis fazer vós".

## PASSAGENS DOS ESCRITOS DE MAQUIAVEL

*infantil devotamento,[8] com que lágrimas. Que porta se fecharia a ele? Que povo lhe negaria a obediência? Que inveja se interporia em seu caminho? Que homem italiano lhe recusaria seu devotamento? Cada um deles sente o coração revolver-se no corpo dessa dominação de bárbaros.[9]*

*Empunhe pois vossa ilustre casa essa tarefa, com a coragem e as esperanças com que são iniciados os empreendimentos justos, para que sob seu estandarte esta nossa pátria seja engrandecida e sob seus auspícios seja cumprido aquele dito de Petrarca:*

> *Coragem se erguerá contra a voragem*
> *E a luta prontamente estará finda:*
> *Sinal de que no peito do italiano ainda*
> *Os antigos costumes vivem e agem.[10]*

## DA DEDICATÓRIA DO LIVRO DO PRÍNCIPE A LORENZO

*Nem se tome por petulância, se um homem de baixa*

[8]A palavra que Fichte traduz por *kindliche Ergebenheit* é simplesmente *pietà*.

[9]A sensação de naúseas, *mal au coeur*, "estômago embrulhado", é atribuída por Fichte aos italianos, provocada pelo domínio dos bárbaros, que para eles, segundo Maquiavel no texto original, *puzza*.

[10]*Virtù contro a furore / Prenderà l'arme; e fia il combatter corto, / Chè l'antico valore / Nelli italici cor non é ancor morto.* Fichte faz uma tradução métrica e rimada: *Der Mut wird sich erheben / Gegen der Wut, dasz bald sei ausgestritten: / Zum Zeichen, dasz noch leben / In des Italiers Brust die alten Sitten.* A susbstituição do "antigo valor" pelos "antigos costumes" explica-se pela noção de *ethos*, semanticamente muito presente em alemão, nas palavras como *Sittlichkeit, Sittenlehre* etc.

condição ousa escrever sobre a gestão dos príncipes e colocá-la sob regras: pois assim como aqueles que desenham uma região tomam seu ponto de apoio na planície para ter em vista a figura das montanhas e das elevações, – mas sobre as montanhas para considerar a região que está mais abaixo; do mesmo modo é preciso ser Príncipe para conhecer bem as propriedades dos povos e ser do povo para conhecer bem as dos príncipes.

**Adendo**  O achado de Maquiavel é brilhante e engenhoso, mas, considerado mais de perto, só é demonstrativo quanto aos príncipes nascidos em púrpura, entre os quais nem sequer Lorenzo se incluía, mas de nenhum modo quanto aos príncipes modernos, com os quais ele conta principalmente, e que são todos do povo. Como, além disso, a petulância e a pretensão, contra as quais é dirigido esse dito, desde os dias de Maquiavel não desapareceram, mas apenas se tornaram mais patentes e imodestas, poderia valer a pena que nos manifestássemos ainda mais clara e decididamente sobre este ponto.

O que seria requisito para um juízo correto sobre assuntos de Estado e para, em cada caso que apareça, atinar com a medida mais segura? Penso, quanto à matéria, uma sólida inteligência das leis da gestão estatal em geral, a qual se fundamenta em conhecimento filosófico, em familiaridade com a história do passado e de nossos dias, e em profundo conhecimento do homem,[11] o qual este último, por sua vez, não depende do número de rostos que vimos

[11]Esses três requisitos são designados, em alemão, como três graus do *conhecer*, por meio de três palavras que se diferenciam a partir da mesma raiz: *Erkenntnisz* (filosófica), *Bekanntschaft* (com a história) e *Kenntnisz* (do homem).

passar por nós, mas principalmente de se ser, em si mesmo, um ser humano completo e elaborado de todos os lados, e conhecer-se; em segundo lugar, quanto à forma, um firme e exercitado entendimento, que saiba captar o objeto de sua meditação em pura abstração e mantê-lo firme, sem dispersão ou confusão, até tê-lo triturado e penetrado em sua essência.

E por que vias adquirem-se, então, esses requisitos da arte do Estado? Não conheço outro modo, senão que isso aconteça somente pelo sólido estudo das ciências, mas também, através deste, essa aquisição é total e completa; que, por conseguinte, todo homem solidamente formado pelas ciências — seja, de resto, de que nascimento for — seria um idôneo homem de Estado, assim que o quisesse, mas nenhum homem sem essa formação científica — seja, de resto, de que nascimento possa ser — seria jamais capaz de sê-lo, e que nenhuma carta de recomendação e nenhum favor da corte pode suprir essa lacuna essencial. — Por ter-se a prontidão de saltar rapidamente de um objeto a outro e sobre cada um deles dizer algo brilhante e engenhoso, sem manter firme um único deles, e assim tornar-se uma companhia agradável em círculos superficiais, não se adquire nunca, nem se demonstra, a faculdade oposta da investigação profunda e sólida. E na prontidão às meias-mentiras, aos artifícios, práticas e gracejos que se podem aprender em casas de jogos, não consiste de modo nenhum a arte do Estado, e muito se equivoca quem a põe nisso. — Se a um tal político formado no trabalho sério ficar aderido algo da dificuldade de sua lógica e da poeira de seus livros, encontrar-se-á facilmente um cortesão que, se apenas tiver entendimento para captar corretamente seus

# FICHTE

pensamentos, empreste a esses pensamentos sua língua mais melíflua.

Nem se diga: alguém de cuja fidelidade nos negócios públicos "é preciso estar-se seguro" tem de poder prestar garantia pela família, posse de terras e similares: pois, assim como nos inidôneos são exatamente essas posses que podem vergar tanto a coragem quanto a fidelidade, poderia ser, às vezes, que aquele que se habituou pela ciência a olhar para além do visível e do presente tivesse uma propriedade de outra espécie, que o vincula intimamente, e até a vida ou a morte, com a causa justa.

A mais próxima consequência dessa pretensão, que decerto também não surgiu sem intenção, é que nesse campo, que precisa mais que qualquer outro da vigilância da opinião pública e dos escritores, essa vigilância afortunadamente se retrai, pela sentença: — São intelectuais de gabinete, o que podem saber de política? — sentença em que o povo acredita. Como se qualquer sábio do passado ou de nossos dias tivesse conseguido sua sabedoria em alguma outra parte que não na solidão e no recolhimento, e como se o entendimento fosse distribuído em festas da corte e em assembleias, ou achado nas ruas; como se a política fosse uma espécie de arte mágica, para a qual não há acesso mediante meios naturais e na qual somente o nascido sob um certo astro pode penetrar; enfim, como se aqueles, de sua louvada vida no grande mundo e de seu acesso às primeiras fontes, fossem capazes de apresentar qualquer vantagem, fora a de saberem as notícias mais recentes algumas horas mais cedo.[12]

---

[12]Por todo este texto pode-se medir, também no terreno da política,

## DO TERCEIRO CAPÍTULO DO MESMO LIVRO: [DOS PRINCIPADOS MISTOS]

*Os romanos, assim que tomavam pé em um país, observavam nele o seguinte: erigiam colônias, sustentavam os mais fracos, sem contudo aumentar sua potência, enfraqueciam os poderosos, não deixavam nenhum poderoso estrangeiro chegar a ter prestígio e influência nesse país. Quero ilustrá-lo unicamente com a Grécia. Nesta, foram sustentados por eles os aqueus e os etólios, recalcado o reino macedônio, rechaçado de lá Antíoco; nem os méritos dos aqueus ou etólios foram capazes de movê-los a que lhes permitissem fazer qualquer nova aquisição, nem as persuasões de Filipe, a que se tornassem seus amigos antes que fosse recalcado, nem a potência de Antíoco, a que lhe concedessem tomar qualquer ponto de apoio nesse país. Os romanos cumpriam, com isso, aquilo que todos os príncipes de entendimento devem fazer — ter em vista não meramente os escolhos presentes, mas também aqueles em que no futuro seu domínio poderia naufragar, e construir com toda diligência anteparos aos perigos: pois, se simplesmente tais*

o alcance do anticartesianismo de Fichte, bastando comparar a ele o comentário de Descartes a essa mesma passagem de Maquiavel: "De resto, também não sou da opinião desse Autor, naquilo que ele diz em seu Prefácio: Que, como é preciso estar na planície para ver melhor a figura das montanhas, quando se quer tirar o *crayon* delas, assim é preciso ser de condição privada para bem conhecer o ofício de um Príncipe. Pois o *crayon* representa apenas as coisas que se veem de longe; mas os principais motivos das ações dos príncipes são frequentemente circunstâncias tão particulares que, a menos que sejamos príncipes nós mesmos, ou então tenhamos sido por muito tempo participantes de seus segredos, seríamos incapazes de imaginá-los" (a Elisabeth, setembro de 1646).

FICHTE

*coisas são previstas da devida distância, são fáceis de reme-* | **61**
*diar; mas quando se deixa que caiam sobre o pescoço, não*
*há mais tempo para o remédio e o mal se tornou incurável.*
*Assim como os médicos dizem da héctica que no início ela é*
*fácil de curar mas difícil de conhecer, mas se de início não foi*
*conhecida nem curada torna-se, com o progresso do tempo,*
*fácil de conhecer mas difícil de curar: do mesmo modo se*
*passa com os assuntos do Estado; pois, se simplesmente os*
*males que nele se engendram são conhecidos no germe, o*
*que sem dúvida só é dado àquele que tem entendimento,*
*são rapidamente remediáveis; se, porém, por desconheci-*
*mento deles, se deixa que cresçam até que qualquer um os*
*conheça, não há nenhum contrarremédio contra eles. Por*
*essa razão os romanos remediavam sem demora, todas as*
*vezes, toda desvantagem que previam e jamais a deixavam*
*tornar-se efetiva para, eventualmente, evitar uma guerra,*
*pois bem sabiam que com isso a guerra não é sustada, mas*
*meramente, e aliás para vantagem do outro, adiada para*
*mais adiante; e assim queriam, pois, ter guerra com Filipe*
*e Antíoco na Grécia, para não precisar ter guerra com eles*
*na Itália, não obstante pudessem naquela época ter evitado*
*tanto uma como a outra,[13] o que não quiseram. Jamais teve*
*sua aprovação aquilo que se pode ouvir todos os dias da boca*
*dos sábios de nosso tempo: usufruir os benefícios do tempo,*
*— e seguiam a comitiva de sua coragem e de sua prudência,*
*pois que o tempo traz consigo toda sorte de coisas, e pode*

[13]A saber, se eles, na opinião de que a Grécia, contudo, não pertencia propriamente a seu território ou herança paterna, tivessem deixado
agir nela Filipe e Antíoco, até que estes estivessem nos limites da Itália, ao que então sem dúvida — mas com vantagem de quem? — seria
preciso ter-se chegado à guerra. [Nota de Fichte]

## CAPÍTULO 14 DO MESMO LIVRO: DEVERES DE UM PRÍNCIPE COM REFERÊNCIA AOS NEGÓCIOS DA GUERRA

*Não tenha o príncipe nenhuma outra mira, nem outro pensamento, nem tenha qualquer outra coisa por seu ofício, que lhe compete bem propriamente, fora os negócios da guerra,[14] e sua ordenação e sustentação, pois essa é a única arte que se pretende de um chefe,[15] — e há nela tão grande virtude, que não só ela sustenta aqueles que nasceram como príncipes, mas também frequentes vezes eleva homens da condição privada a tronos principescos. Ao contrário, viu-se também que príncipes que se dedicaram mais à indolência que às armas perderam seus Estados. A mais importante causa, que traz essa perda, é o desapreço por essa arte, assim como o mais importante fundamento de todo ganho, a maestria nela. Francesco Sforza passou de cidadão privado a Duque de Milão, porque estava armado; seus filhos passaram de duques a cidadãos privados, porque fugiam e evitavam as fadigas e as renúncias que o ofício das armas traz consigo.*

*Entre os outros males que te traz a falta de conhecimento da guerra está também este: privar-te do apreço, um dos vexames de que um príncipe precisa absolutamente resguardar-se. Pois entre alguém com armas e alguém sem*

[14]Em alemão, *Kriegswesen* (tudo aquilo que se relaciona à condução da guerra). Em italiano, *milizia*. Logo no inicio do texto, Fichte usa a mesma palavra para traduzir a palavra italiana *guerra*.

[15]Em alemão, *einem Herrscher*. Em italiano, *a chi comanda*.

# FICHTE

*armas não há nenhuma proporção, e resulta do entendi-
mento natural que o primeiro não obedece de bom grado
a este último, e que este último, circundado de vários da
primeira espécie, não esteja muito seguro. De um dos lados, desapreço, do outro, desconfiança; como poderia uma
tal união fazer bem? E assim, pois, ao lado de todo outro
infortúnio que disso se origina, tampouco é possível que
um príncipe que não entende dos negócios da guerra seja
apreciado por seus guerreiros e possa confiar neles.[16]*

*No tocante às obras, que ele, além de manter sua milícia
sempre em ordem e bem exercitada, passe seu tempo supér-*

[16]Este acento tão marcadamente posto sobre a insegurança de um
príncipe que não *é* guerreiro em meio a seus próprios súditos armados
fundamenta-se na diferença, mencionada em nosso prefácio, da relação
do príncipe com seus súditos nos tempos de Maquiavel, e não vale de
modo algum para nosso tempo. Verdadeiro, porém, permanecerá, em
todo tempo, que nenhum príncipe que não consegue chegar a ser tido,
ao menos pela nação, como o primeiro guerreiro de sua nação, gozará
jamais na guerra do perfeito respeito e da muda subordinação de sua
milícia, das quais precisa para conduzir afortunadamente a guerra:
que, por isso, um tal príncipe − caso, já que nem todos têm aquele
talento por nascença, a lacuna fosse incurável, mantendo tanto mais
cuidadosamente longe de si, em suas decisões sobre guerra e paz, a
suspeita de covardia e vacilação − de preferência delegue a outros a
condução efetiva da guerra e, através da gestão tanto mais esplendorosa
dos demais ramos do governo, redima a lacuna essencial. − Do mesmo
modo julga o próprio Maquiavel: "Depois de um príncipe notável pode
um fraco conservar-se; mas não depois de um fraco um segundo fraco;
a não ser que, como na França, as antigas ordens o conservassem; fracos,
porém, são aqueles príncipes que não são orientados para a guerra"
(*Discursos*, livro I, cap. 1). Por isso, durante a guerra, jamais desvie ele
seu olho do exercício da guerra e, durante a paz, exercite-se na guerra
ainda com maior cuidado que durante a guerra mesma; o que pode
fazer de duas maneiras, em parte por obras, em parte por pensamentos.
[Nota de Fichte]

## PASSAGENS DOS ESCRITOS DE MAQUIAVEL

*fluo na caça, em parte para manter seu corpo no hábito das fadigas e renúncias, em parte para conhecer o país, como as montanhas se elevam, os vales se abrem, as planícies se estendem, para gravar a natureza dos rios e dos charcos, e a tudo isso aplique o máximo cuidado. Esse conhecimento é útil de duas maneiras. Primeiro, aprende-se com ele a conhecer seu próprio país e fica-se mais familiarizado com os meios para defendê-lo. Em segundo lugar, adquire-se, com o exercício da intuição viva[17] dessas regiões domésticas, uma grande prontidão para compreender, rápida e corretamente, toda e qualquer outra região ainda desconhecida, cuja averiguação se torne necessária, pois as colinas, os vales, as planícies, os rios, os charcos que há na Toscana, por exemplo, têm uma certa semelhança com os de outras províncias, de tal modo que, da compreensão da situação de uma província, pode-se passar muito facilmente à compreensão de outras. Aquele príncipe que carece dessa habilidade carece de uma das primeiras peças que fazem um chefe de exército, pois que com isto aprende a encontrar o inimigo, a tomar acantonamentos, a conduzir as milícias, a traçar planos para batalhas, a escolher um lugar de acampamento em nossa vantagem. De Filopêmenes, cabeça dos aqueus, celebram os historiadores, entre outras coisas, o seguinte: que no tempo da paz não pensava em nada, senão na condução da guerra, e encontrando-se porventura, com seus amigos, em campo aberto, muitas vezes parava e raciocinava com eles: "Se o inimigo estivesse ali sobre aquela colina e nós nos encontrássemos com nossa milícia aqui, qual de nós dois estaria em*

---

[17]Em alemão, *durch die Uebung der lebendigen Anschauung*. Em italiano, *mediante la cognizione e pratica*.

FICHTE

*vantagem? Como se poderia com segurança investir sobre*
*ele, de modo que nossas fileiras permanecessem cerradas?*
*Se quiséssemos retirar-nos, o que teríamos de fazer? Se ele*
*se retirasse, como poderíamos segui-lo?". E assim, então,*
*apresentava-lhes todos os casos que podem defrontar-se a*
*um exército, ouvia a opinião deles, dizia a sua, apoiava-a*
*com argumentos; de tal modo que, por essa perene medita-*
*ção, chegou ao ponto de, na condução das milícias, nunca*
*ter podido aparecer-lhe um caso contra o qual não soubesse*
*o remédio.*

*Em seguida, no que diz respeito ao exercício do pensa-*
*mento para a guerra, leia o príncipe as histórias e observe*
*nelas as ações de homens assinalados, veja como conduziram*
*a guerra, pesquise as causas de suas vitórias ou de suas der-*
*rotas, para apropriar-se das primeiras e evitar estas últimas;*
*mas, em particular, faça como fez antes dele qualquer ho-*
*mem notável, que tomou como modelo qualquer predecessor*
*louvado e glorioso, cuja maneira e atos tinha sempre diante*
*dos olhos; assim como se diz que Alexandre imitou Aquiles,*
*César a Alexandre, Cipião a Ciro. E quem leu a vida de*
*Ciro por Xenofonte encontra depois na vida de Cipião o*
*quanto essa emulação tornou este último digno de louvor e*
*quão exatamente, em castidade, afabilidade, cordialidade*
*ao homem, generosidade, ele se moldou segundo aquilo que*
*Xenofonte escreve de Ciro. Ora, a essa maneira tem também*
*de ater-se todo príncipe sábio, e não deixar passarem sem*
*utilidade tempos pacíficos, mas com diligente arte aprontar*
*deles um tesouro, que faça valer no tempo da tribulação,*
*de tal modo que a fortuna mudada o encontre pronto para*
*aparar seus golpes.*

## DO CAPÍTULO 21 DO LIVRO: COMO UM PRÍNCIPE TEM DE CONDUZIR-SE PARA CONQUISTAR APREÇO

*Nada atua tão favoravelmente sobre a opinião pública em favor de um príncipe quanto grandes empreendimentos e, em segundo lugar, obras que se tornem modelos para outros.*[18]

*Também conquista apreço um príncipe quando ele é inteiramente amigo e inteiramente inimigo, isto é, quando, sem qualquer reserva, se declara em favor de um e contra o outro.*[19] *Pois quando dois poderosos, teus vizinhos, caem um sobre o outro, ou é o caso de que, se um vence, tens de temer ao vencedor, ou não é esse o caso. Em cada um desses dois casos te será sempre mais útil declarares-te e conduzires uma boa guerra, pois que, se não te declaraste, no primeiro caso te tornarás sempre a presa do vencedor, com a boa permissão e para a satisfação do vencido; e em parte nenhuma encontrarás refúgio, pois que o vencedor não quer amigos dúbios, nem tais que não fiquem a seu lado na necessidade, e o vencido tampouco te toma sob sua proteção, já que não quiseste com as armas na mão partilhar seu destino. — Antíoco chegara à Grécia, convidado pelos etólios, para expulsar os romanos. Enviou oradores*[20] *aos*

[18]A noção de "opinião pública" é introduzida no texto de Maquiavel pela tradução de Fichte. O original diz: *Nessuna cosa fa tanto stimare uno principe, quanto fanno le grandi imprese e dare di sè rari esempli.*

[19]Aqui falta a seguinte frase do original: "O qual partido será sempre mais útil que manter-se neutro".

[20]*Redner*, para traduzir *oratori*, como constava na edição usada por Fichte, em lugar de *ambaciatori*, como trazem as edições mais modernas.

# FICHTE

*aqueus, amigos dos romanos, para movê-los à neutralidade; pelo outro lado, persuadiam-nos os romanos a que tomassem das armas em seu favor. O assunto veio à deliberação na assembleia dos aqueus e quando ali o emissário de Antíoco os persuadia a permanecerem neutros respondeu o enviado dos romanos: "A medida que vos é louvada como a melhor e mais útil para vosso Estado, não vos imiscuirdes em nossa guerra, é exatamente a mais perniciosa para vós, pois que, se não tomais parte nenhuma, por fim ficareis para trás, sem gratidão ou apreço algum, como o prêmio do vencedor".[21] E sempre se encontrará que aquele que não é teu amigo te roga por neutralidade, porém aquele que é teu amigo exige que tu com as armas na mão te declares.*

*Mas príncipes de nenhuma decisão, apenas para evitar o perigo presente, tomam habitualmente o caminho da neutralidade e então, também habitualmente, vão à ruína por isso. Se, porém, um príncipe se declara corajosamente a favor de uma das partes, e aquele a quem adere vence, deixa que ele seja tão poderoso a ponto de ficares entregue a seu arbítrio; mesmo assim, ele tem obrigações para contigo, e engendrou-se um amor, e os homens jamais são tão sem honra que te oprimissem com uma ingratidão tão sem exemplo.[22] Acresce que a vitória jamais é tão decisiva que o vencedor não tenha ainda alguma coisa a poupar, particularmente a justiça. Se, ao contrário, aquele a quem aderes perde, serias acolhido por ele, e ele te ajudaria enquanto*

---

[21]*Quod autem isti dicunt non interponendi vos bello, nihil magis alienum rebus vestris est; sine gratia, sine dignitate, praemium victores eritis.* A citação de Tito Lívio (XXXV, 49) consta em italiano na edição usada por Fichte.

[22]No original, *con tanto esempio de ingratitudine.*

## PASSAGENS DOS ESCRITOS DE MAQUIAVEL

*pudesse; ou, no pior dos casos, serias contudo o companheiro inseparável de uma fortuna que pode erguer-se outra vez.*

*No segundo caso, se os combatentes são de tal espécie que nada tens a temer do vencedor, será uma medida tanto mais prudente tomares parte, pois que nesse caso, para a derrubada do primeiro, obténs a assistência do segundo, que, se tivesse entendimento, teria de empregar tudo para manter aquele; se vencerdes, ele fica entregue a tua discrição, e é impossível, sob a pressuposição dada, que com tua assistência ele não vença.*

*E aqui é, pois, o lugar para notar que um príncipe jamais deve obrigar-se com alguém que é mais potente que ele em desvantagem de um terceiro, a não ser que a necessidade o force a isso; pois, se ele vence, permanece entregue à discrição dele,[23] e de nada deve um príncipe fugir mais, que da dependência de arbítrio alheio.*

***

*Nem acredite nunca um Estado que possa alguma vez lançar mão de uma medida inteiramente segura, mas saiba que todas as que toma são duvidosas, uma vez que está na ordem das coisas que, no caminho de evadir uma desvantagem, se vai ao encontro de outra. Mas o entendimento tem sua essência justamente em descobrir a natureza interna das desvantagens e tomar a menos ruim por boa.*

---

[23]Em alemão, *denn wenn er übtberwindet, bleibt er dem Ermessen desselben anheimgegeben*. Traduzido segundo o texto da edição usada, *perchè vincendo lui, tu rimani a sua discrezione*. As edições mais novas trazem, *perchè vincendo, rimani suo prigione*.

FICHTE

*Deve ainda um príncipe mostrar-se amador da virtuo-*
*sidade[24] e conceder honrarias a todo aquele que se assinala*
*em uma arte qualquer.*

**Adendo**   A doutrina de Maquiavel sobre neutralidade e
tomada de partido ficou incompleta, por não poder ser tomada em consideração uma invenção da política moderna,
a neutralidade armada, e queremos complementá-la, em
seus princípios, da seguinte maneira.

Em primeiro lugar, se teu aliado natural contra uma
potência temível para vós ambos fosse atacado, a conservação da neutralidade é totalmente perniciosa, pois as
forças de teu aliado são as tuas, e seu enfraquecimento é
o teu, e ele não pode ser atacado sem que tu não o sejas
ao mesmo tempo com ele. Se, porém, as potências em
guerra são ambas tuas rivais, como devem ser consideradas sem exceção quando não são tuas aliadas naturais, e se
já agora te são perigosas, ou poderiam no futuro tornar-se
tais, então é teu ganho que elas próprias, sem tua inter-
venção, rompam uma à outra um poder que tu terias sido
obrigado a romper com teu próprio perigo e despesa; e
nesse caso, a neutralidade armada pode ser uma medida
muito boa, quando se vê que ambas sejam enfraquecidas
mais ou menos no mesmo grau, porém nenhuma adquira
um particular aumento de forças ou, se viesse a ocorrer o
segundo caso, toma-se logo o lado da mais fraca; quando,
assim que elas se cansam da guerra, ou a continuação dela
se torna um fardo para nós, fazemo-nos de mediador, com
mão armada, ditamos a paz e nela não nos esquecemos
de pensar em nós. Mas, com as armas na mão, presenciar

---

[24]Em italiano, *delle virtù*. Fichte traduz *Virtuosität*.

## PASSAGENS DOS ESCRITOS DE MAQUIAVEL

como uma das partes é desmedidamente enfraquecida e a outra cresce desmedidamente, a esse erro acrescentar posteriormente ainda o segundo, de deixar que elas mesmas pactuem, dê no que der, como se simplesmente não estivéssemos ali, e então chegar e desarmar-se tranquilamente, esse uso da neutralidade armada tem, fora todos os erros da neutralidade expostos por Maquiavel, ainda este: reduz o apreço por nós ainda mais decididamente, e nós, com os custos de armar-nos e de manter-nos em pé de guerra, só teremos comprado para nós esse desapreço.

## CAPÍTULO 22 DO LIVRO: DOS SECRETÁRIOS DOS PRÍNCIPES

*De não pequena importância para um príncipe é a escolha de seus ministros; pois ele os tem bons ou ruins, exclusivamente segundo a medida de seu próprio entendimento. A primeira opinião que se forma de um príncipe, e de sua cabeça,[25] fundamenta-se na visão daqueles que ele tem em torno de si. Se estes são prestáveis e fiéis, pode-se sempre admitir que aquele tem entendimento, pois que soube encontrá-los idôneos e mantê-los fiéis, assim como no caso oposto se pode sempre, sem temor de equivocar-se, pensar desvantajosamente dele, pois que o primeiro erro que pode cometer, ele o comete nessa escolha. Ninguém conheceu Antonio de Venafro, ministro de Pandolfo Petrucci, príncipe de Siena, que não tivesse julgado que Pandolfo tinha de ser um homem de muito entendimento, por ter um tal ministro. Pois que, com efeito, há três espécies de cabeças, das quais as primeiras*

---

[25]Na edição usada, *di un signore e del cervel suo.* Nas edições modernas, *del cervello d'uno signore.*

# FICHTE

encontram por si mesmas o justo, as outras, depois que lhe é mostrado, as terceiras, nem por si mesmas nem sob a orientação de outros, das quais as primeiras são as mais excelentes, as segundas também honoráveis, as terceiras não são úteis a nada: assim, era manifesto que Pandolfo, mesmo se não fosse da primeira espécie, seria então seguramente da segunda, pois que quando alguém, posto mesmo que lhe falte o dom da invenção, tem ao menos a faculdade de distinguir se é bom ou mau o que alguém diz ou faz, ele conhece os bons ou maus atos do ministro, aperfeiçoa[26] os primeiros, corrige os segundos, e o ministro, sem perspectiva de poder enganá-lo, mantém-se bom. Para ver através de um ministro,[27] há para um príncipe o seguinte meio, que nunca engana: Se vês que o ministro pensa mais em si do que em ti e que em todas as ações vê somente sua utilidade, acredita que um tal jamais será um bom ministro e nunca poderás fiar-te nele; pois que aquele que tem uma monarquia para aconselhar,[28] jamais deve pensar em si, mas no príncipe, e jamais lembrar-lhe algo, fora aquilo que concerne ao príncipe mesmo. Em contrapartida, deve o príncipe mesmo, pelo outro lado, pensar no ministro, para conservá-lo fiel,[29] conceder-lhe honrarias, enriquecê-lo, obrigá-lo a si, partilhar com ele honras e encargos, para que sua saturação com honras e bens lhe tire o desejo por outras honras e outros bens, e a participação em encargos decisivos torne temível para ele toda alteração,

---

[26]Em alemão, *vervollkommnet*. Em italiano: *esalta*.

[27]Em alemão, *einem Minister zu durchschauen*. Em italiano: *conoscere el ministro*.

[28]Maquiavel escrevera "aquele que tem em mãos o Estado de alguém".

[29]Em italiano, *per mantenerlo buono*.

*pois que ele vê que sem esse príncipe não poderá manter-se. Se, pois, os príncipes e os ministros são desse feitio, podem confiar mutuamente um no outro; se são de outro modo, a coisa sempre tomará um fim infortunado para um ou para o outro.*

**Adendo**   Queremos tornar mais clara a doutrina de Maquiavel pela sua aplicação. — Somente em sua utilidade própria e, de imediato, na afirmação de seu lugar pensa um ministro dos assuntos estrangeiros (pois deste fala Maquiavel principalmente) que, com outras cortes e em particular com aquela que considera a mais potente, sejam quais forem os termos em que esteja seu príncipe com elas, não quer pôr as coisas a perder, nem tomar parte em qualquer declaração ou medida decisiva contra elas, para que, caso porventura aquela ficasse vencedora (o que acontecerá, caso o infiel fique no topo dos negócios), encontre graça junto a ela, ou, caso se chegue a uma paz vexatória, seja posta como condição, não sua demissão, mas, pelo contrário, sua conservação. Fiel, ao contrário, é aquele ministro que se mostra inimigo inteiro e decidido do inimigo de seu senhor e de seu Estado e amigo decidido dos amigos deste. Essa fidelidade de um ministro é, porém, condicionada pela fidelidade do príncipe para consigo mesmo e sua nação: a saber, que este próprio seja inteiramente inimigo e inteiramente amigo; não, porém, que conduza as armas com a mente de um já vencido, que pelo fraco contra-ataque busca secretamente ganhar a graça e a indulgência daquele contra quem publicamente combate e que ele já considera como indubitável vencedor, e que secretamente inveja e teme o aliado com ele; o qual,

FICHTE

portanto, com as meias-medidas e as declarações e atitudes enroscadas[30] de seu ministro está bem propriamente servido. Fiel faz um príncipe o ministro, e o obriga intimamente a si, quando, segundo as palavras de Maquiavel, faz dele participante de encargos decisivos, isto é, quando não lhe permite tais reservas e subterfúgios, mas obriga-o a medidas e declarações sem rodeios, de tal modo que ele, se o inimigo vencesse, não teria a esperar dele nenhuma indulgência. O melhor ministro, em uma guerra encarada seriamente, é sempre aquele que com a vitória do inimigo perde tudo. Sem dúvida, uma atitude tão decidida só pode exigir um príncipe tal, que por sua vez tem a força para proteger seu ministro; onde, ao contrário, ordens e interesses alheios decidem sobre a nomeação ou afastamento do ministro, ali um homem de honra e de entendimento jamais pode servir.

## CAPÍTULO 25 DO LIVRO: O QUANTO PODE A FORTUNA SOBRE OS EMPREENDIMENTOS HUMANOS E EM QUE MEDIDA É POSSÍVEL PÔR-SE CONTRA SUA INFLUÊNCIA

*Não me é desconhecido que muitos tiveram para si e ainda têm para si que as coisas mundanas estão tão imutavelmente determinadas pelo destino e por Deus que os homens nada poderiam alterar nelas em sua vantagem e não teriam nenhum meio de resguardo contra o destino. Disto se poderia concluir que é vão afadigar-se[31] muito com*

---

[30]Em alemão, *auf Schrauben gesetzten*. Literalmente, "posto em rosca"; usa-se, no sentido figurado, para referir-se a palavras ambíguas.
[31]Em alemão, *sich bemühen*. Em italiano: *insudare*.

## PASSAGENS DOS ESCRITOS DE MAQUIAVEL

essas coisas e que é preciso, justamente, deixá-las entregues à condução do destino. Essa opinião encontrou em nossos dias mais crédito do que nunca, em virtude das grandes mudanças que se viveram e ainda se vivem todos os dias, muito além de toda suposição humana. Pensando nisso, inclino-me em certa medida a essa opinião. Mas, inversamente, já que nos foi dada vontade livre, julgo que bem pode ser verdadeiro que a fortuna decida sobre uma das metades de nossas ações, mas que a outra metade, ou mesmo um pouco menos,[32] ela deixe entregue à nossa condução. Comparo-a a um rio feroz,[33] que em uma irrupção de furor põe as planícies debaixo d'água, derruba árvores e casas, aqui arranca terra, ali a acrescenta, do qual cada um foge e cede a seu furor, incapaz de opor-lhe resistência. Ora, se bem que ele seja desse feitio, não é contudo impedido aos homens, ao tempo em que ele está tranquilo, tomar precauções contra ele, pela consolidação das margens e diques, de modo que, se ele crescer outra vez, ou correrá pacificamente por um canal, ou, se mesmo assim extravasar de novo, não se enfureça mais tão desenfreada e perniciosamente. De igual maneira se passa com a fortuna; também esta só mostra sua potência onde não está de prontidão nenhuma virilidade[34] que lhe ofereça resistência, e só volta seus ataques para o lado onde sabe que não há margens e diques consolidados para detê-los. E, se quiserdes considerar mais de perto a Itália, por exemplo, que é a sede dessas mudanças e o ponto de atração de todos

---

[32]Na edição usada por Fichte, *o poco meno*. Nas edições modernas: *o presso*.

[33]Em alemão, *reissend*. Em italiano, *rovinoso*.

[34]Em alemão: *keine Mannhaftigkeit bereit steht*. Em italiano: *non è ordinata virtù*.

esses movimentos,[35] encontrareis que ela é um campo sem diques e sem qualquer margem consolidada. Se tivesse sido guarnecida de diques pela devida idoneidade dos homens,[36] assim como o são a Alemanha, a Espanha, a França, ou esse transbordamento não teria produzido as grandes alterações que vemos, ou nem sequer se teria voltado para cá. É quanto basta sobre a resistência contra a fortuna, em universal.

Mas, para descer mais ao particular, faço notar que se vê o mesmo príncipe hoje afortunado e amanhã arruinado, no qual contudo, durante essa mudança de sua fortuna, não se fez visível nenhuma alteração de sua natureza ou de suas propriedades. Acredito que isto nasce, em primeiro lugar, da causa que já acima explicitei exaustivamente, a saber, porque aquele príncipe que se apoia inteiramente sobre a fortuna vai à ruína tão logo esta se altera. Em segundo lugar, acredito que tem fortuna em seus empreendimentos aquele cuja maneira de proceder concorda com o feitio de seu tempo, mas infortúnio aquele com cujo procedimento os tempos não estão de acordo. Por isso vemos que os homens, nas coisas que conseguem afortunadamente e tais que cada qual tem sempre em vista,[37] ou seja, honras e riquezas, põem-se em obra de maneira muito diferente, um cauteloso e cheio de toda sorte de consideração, outro com ímpeto, um violentamente, o outro com artes, um pacientemente, o outro o contrário, e contudo é possível que com essas maneiras diferentes cada um deles chegue ao alvo. Ainda se vê, de dois

[35]Em italiano, *e quella che a dato loro el moto*.

[36]Em italiano, *da conveniente virtù*. Em alemão, *durch gehörige Tüchtigkeit der Menschen*.

[37]Em Maquiavel, "nas coisas que os levam ao fim que cada qual tem em vista".

# PASSAGENS DOS ESCRITOS DE MAQUIAVEL

*igualmente cautelosos, um alcançar seu fim, o outro não, e também que dois tenham êxito da mesma maneira com o procedimento oposto, sendo um cauteloso, o outro impetuoso, o que decorre tudo exclusivamente do feitio do tempo, que ou está de acordo com seu procedimento ou não, e a partir disto se explica o fenômeno que acaba de ser mencionado.[38] Disto mesmo deflui também a alteração do estado de fortuna já alcançado por um homem, pois que, se alguém se conduz com cautela e paciência, para este sem dúvida as coisas irão afortunadamente enquanto o tempo decorre de tal maneira que essa sua conduta é adequada a esses fins;[39] em contrapartida, ele vai à ruína, se os tempos e coisas se alteram, justamente porque ele não altera seu procedimento. Nem há homem tão sabio que soubesse adaptar-se a isto, em parte porque nenhum pode afastar-se daquilo a que o atrai sua natureza, em parte porque alguém que sempre caminhou afortunadamente pelo caminho que tomou não pode convencer-se de que poderia ser bom deixá-lo;[40] e assim, então, o homem cauteloso, se agora fosse tempo de avançar impetuosamente, é incapaz de executá-lo e vai à ruína; em contrapartida, se tivesse transformado sua natureza concomitantemente com tempos e coisas, sua fortuna não se teria alterado. — O papa Júlio II, em todos os seus empreendimentos, punha-se impetuosamente em obra, e encontrou tempos*

[38] *[…] und hieraus die soeben erwähnte Erscheinung zu erklaren ist.* Em Maquiavel: "Daqui nasce aquilo que eu disse: que dois operando diversamente, surtem o mesmo efeito; e dois operando igualmente, um se conduz a seu fim e o outro não".

[39] Em italiano, *in modo che il governo suo sia buono*. Em alemão, *auf eine solche Weise, dasz dieses sein Betragen zweckmäszig ist*.

[40] Na edição usada, *non si può persuadere che sia bene partirsi da quella*. Nas edições modernas, *non si può persuadere partirsi da quella*.

# FICHTE

*e coisas tão adequados a essa sua maneira de proceder que todas as vezes teve um desfecho afortunado. Pense-se em sua primeira empresa em Bolonha, ainda durante a vida de Giovanni Bentivoglio. Os venezianos estavam insatisfeitos com ela, o rei da Espanha, assim como o da França, tinham muitas coisas a apresentar contra ela,[41] mas ele arremeteu-se em pessoa, com sua audácia e seu ímpeto, à expedição, e ante esse passo audacioso, Espanha e Veneza ficaram aturdidas e quietas, esta última por medo, a primeira porque desejava recuperar todo o reino de Nápoles. Pelo outro lado, o rei da França se retraiu quando viu os movimentos do rei da Espanha e porque queria ganhar a amizade dele pela humilhação dos venezianos[42] e considerou que não podia recusar-lhe suas tropas sem ofendê-lo manifestamente; e assim Júlio, com sua ofensiva audaz, conseguiu o que jamais qualquer outro papa com toda prudência humana teria conseguido, pois, se para iniciar sua marcha de Roma tivesse querido esperar até que estivessem concluídas as tratações e todos os artigos estivessem corretos,[43] jamais teria tido êxito, pois que o rei da França encontraria mil escapatórias, os outros lhe teriam pintado mil espantalhos. Nada quero dizer dos outros empreendimentos desse mesmo papa, que foram todos conduzidos da mesma maneira e também lhe saíram todos afortunadamente, pois que a brevidade de sua vida*

[41]Em italiano, *Viniziani non se ne contentavano; el re di Spagna, quel medesimo* (ou a variante *similmente*); *con Francia aveva ragionamenti di tale impresa.*

[42]Em alemão, *durch die Demütigung der Venezianer.* Em italiano: *per abbassar e' Viniziani.*

[43]Fichte omite o trecho: "como teria feito qualquer outro pontífice".

# PASSAGENS DOS ESCRITOS DE MAQUIAVEL

*não deixou que com ele as coisas chegassem até ao contrário. Com efeito, se tivessem chegado tempos que lhe tivessem feito da cautelosidade uma necessidade, disso se seguiria sua perdição, pois que jamais ele seria desviado da maneira a que sua natureza o atraía.*

*Tiro disto tudo o resultado de que, como a fortuna muda, mas os homens permanecem inflexíveis em sua maneira, estes últimos são afortunados quando estão de acordo com a primeira, mas infortunados quando não estão de acordo com ela. Por certo tenho para mim que é melhor chegar com ímpeto que com cautela, pois que Fortuna é uma mulher, que tem de ser batida e golpeada, se se quer trazê-la sob si;[44] vê-se também que ela se deixa vencer mais frequentemente por estes que por aqueles que chegam com inércia e lentidão.[45] Por isso, também, como mulher, ela é uma amiga dos jovens, pois que estes são menos cautelosos e mais temerários e lhe dão ordens com maior audácia.*

**Adendo**   Seja o que for que o mero observador não participante dos empreendimentos humanos possa pensar sobre fortuna ou infortúnio, e quanto ou quão pouco do sucesso deles ele possa atribuir a uma causa desconhecida e que não pode ser trazida sob nosso cálculo, no entanto aquele que é impelido a empreender efetivamente algo não deve conceder àquela causa desconhecida absolutamente nenhuma influência: um tal tem de esforçar-se para penetrar seu desígnio, tão longe quanto possível, e até onde o penetrar calcular tudo e então, de boa fé e com

---

[44]Fichte traduz literalmente *volendola tenere sotto*.

[45]Em alemão, *träg und langsam einher schreiten*, para traduzir *freddamente procedono*.

FICHTE

inabalável sangue-frio,[46] pôr-se em obra. A maioria das vezes uma tal coragem e fé terá êxito na empresa: fracasso, porém, perdição, morte, se é que têm de ser, vêm sem nosso esforço e a despeito de nossos melhores cálculos, por si próprios. Assim, se alguém, pela consideração de que sempre permanece possível que a empresa lhe fracasse, quisesse abster-se de fazer algo até que lhe fosse matematicamente demonstrada a absoluta impossibilidade do fracasso, um tal, já que jamais é possível uma tal demonstração, nunca chegaria ao agir. Assim, é sem dúvida extremamente raro que uma carga caindo do telhado mate um transeunte, no entanto isso aconteceu, e quem quisesse pôr-se em perfeita segurança contra esse perigo teria de jamais deixar seu quarto, onde contudo também o teto pode desmoronar sobre ele, perigo de que ele teria escapado se a esse tempo se tivesse encontrado na rua. Em perigo estamos incessantemente, e quem espera por absoluta segurança antes de empreender algo poderia servir para fazer na solidão considerações edificantes sobre a mortalidade dos homens e a caducidade de todas as coisas, mas da vida de ação permaneça afastado.

A mais bela estrela da fortuna que pode brilhar para um herói na vida é a crença de que não há infortúnio e de que todo perigo é vencido pelo firme sangue-frio e pela coragem que não poupa nada e, se valer, nem a própria vida. Até mesmo se este sucumbe ao perigo, resta apenas aos que ficaram para trás lastimar seu infortúnio; ele mesmo não está mais presente a esse seu infortúnio. Assim, é também a mais digna reverência que o homem

[46]Em alemão, *Fassung.*

## PASSAGENS DOS ESCRITOS DE MAQUIAVEL

pode prestar à divindade que reina sobre nosso destino a crença de que ela foi suficientemente rica para dotar-nos de tal modo que nós mesmos pudéssemos fazer nosso destino, enquanto é blasfêmia admitir que, sob o governo de um tal ser, a única coisa que tem valor no homem, clareza de espírito e firmeza de vontade, não sejam forças, e tudo seja decidido por um acaso cego e irracional. Pensa – poderíamos clamar ao homem – que não és nada por ti mesmo e tudo por Deus, para que te tornes nobre e forte nessa crença; mas age como se não houvesse nenhum Deus, que te ajudará, e tu tivesses de fazer tudo sozinho, como de fato ele não quer ajudar-te de outro modo, senão como já te ajudou, por ter-te dado a ti mesmo. Onde logo no início de um empreendimento não há nenhum coração próprio posto na causa, mas é tomada a precaução, ao que parece, para ter de prontidão algo a que se dê a culpa do sucesso infortunado, ali é de se temer, justamente por isso que se precisará dela para essa função.

Essa crença, digo eu, e a vida nessa crença, é ela mesma a verdadeira fortuna. Em contrapartida, o verdadeiro infortúnio é a desconfiança na possibilidade de visão própria e força própria, e o abandono resignado ao destino cego e a tudo o que ele queira fazer de nós; donde nasce indecisão, vacilação no plano formado e, para designá-lo com um único traço, aquele estado em que ao mesmo tempo também não se quer o que se quer e ao mesmo tempo também se quer o que não se quer. Quem é assim, nasceu infortunado; dele o infortúnio segue atrás em todos os seus passos, e onde ele entra ele o traz consigo.

Veja-se, com efeito, na história, o que é aquilo que a multidão, na qual o julgamento nunca vem antes de

FICHTE

estar dado o sucesso, denominou desde sempre fortuna e infortúnio! — No decurso de um empreendimento, produz--se uma circunstância que em si não era necessária nem previsível por qualquer entendimento humano. O homem de entendimento considera ali mesmo, sem demora, como ela pode ser usada para seu fim, e assim a usa; ele, que talvez, se em lugar do que se introduziu tivesse acontecido exatamente seu oposto, teria também achado a este igualmente conforme a seus fins. Gela, por exemplo, em tempo incomum com rigor incomum; e ele passa por sobre os rios, lagos e pântanos cobertos de gelo e conquista contra toda expectativa; ele que, se tivesse ocorrido degelo, teria talvez, nos mesmos lagos e pântanos abertos, afundado o inimigo. A multidão, que não vê entre o gelo e a conquista nenhum termo médio, assombra-se com sua fortuna e é sua vantagem deixá-la nesse assombro, porque isto cai no terreno do maravilhoso e eleva o homem a especial favorito da divindade, enquanto a verdade nua, de que sua fortuna repousou sobre seu entendimento, é demasiado comum e natural. Um outro, talvez, contou com um e com o outro caso que poderia dar-se e está armado contra ambos; e, se isso ocorresse, se sairia muito bem da ação. Lamentavelmente, porém, não sucede isso, mas outra coisa, com a qual, como mesmo assim é possível também, teria podido e devido igualmente contar: para isso ele não está preparado e cai. Como, contudo, não se pode dizer dele que não pensou em nada, pois que em alguma coisa efetivamente pensou, ele prefere ter tido infortúnio a conhecer e lamentar seu entendimento insuficiente; e, talvez, como compensação por seu primeiro infortúnio, lhe

PASSAGENS DOS ESCRITOS DE MAQUIAVEL

seja dada a fortuna de encontrar crédito junto à multidão sem entendimento.

Dessa fortuna particular, que acaba de ser descrita, proveniente de acontecimentos singulares, todo aquele que vai com um plano devidamente profundo e abrangente a uma grande empresa se apropria — e a acorrenta à sua comitiva. Ele contou com muitas circunstâncias desvantajosas, as quais, como tão pouco ocorre todo o mal que tememos quanto todo o bem que esperamos, não surgem; contra esse mal ele tinha posto de prontidão forças que, dispensadas disso, lhe estão ganhas para outros fins. Não contou com muito acontecimento favorável, que, mesmo assim, como sempre ocorre, sobrevém. Sabe usar isto da melhor maneira e, mais uma vez, ganhou. Em geral, para aquele que está em vantagem, todas as coisas são cordiais; ou seja, enquanto ele sustenta em si aquelas propriedades pelas quais inicialmente chegou à vantagem e não se deixa arrastar, pela vertigem da vitória, à arrogância, à negligência e à petulância. Em contrapartida, para aqueles que chegaram à desvantagem, todas as coisas são muito mais difíceis de manejar e é de se temer que seu primeiro infortúnio tenha por consequência uma série de outros reveses da fortuna.

No universal, porém, pode-se admitir como regra e se encontrará confirmado na vida e pela história que quanto mais indecisos, sem coragem, inertes, doentios foram indivíduos ou mesmo épocas inteiras, quanto mais passaram a vida em devaneios e amortecidos para o frescor da vida, tanto mais firmemente acreditaram em infortúnio e em uma obscura fatalidade, como que para afastar de si mesmos, com isso, a culpa de sua imprestabilidade secreta-

## FICHTE

mente sentida; quanto mais vigorosos, em contrapartida, foram em si mesmos indivíduos ou séculos inteiros, tanto mais acreditaram no poder preponderante dos homens idôneos e tiveram para si que nada é inalcançável para a vontade inabalável.

# CONCLUSÃO

QUE A ESTAS PÁGINAS acompanhe um destino favorável! Foram escritas para contribuir para a salvação da honra de um bravo homem; ao mesmo tempo, também, para aqueles de nossos contemporâneos a quem isso pudesse ser de utilidade, para introduzir de novo aos escritos dele, pois que estabeleceram o único ponto de vista a partir do qual esse escritor pode ser entendido e julgado com justiça, e deram como prova alguns trechos desses escritos. Que não encontrem o sucesso oposto, de que por ocasião delas o juízo de condenação contra o autor seja apenas renovado e aguçado, e o editor destas páginas implicado nele!

De imediato, ocorrem-nos duas espécies de homens contra as quais gostaríamos de resguardar-nos, se pudéssemos. Em primeiro lugar, aqueles que, assim como eles mesmos jamais vão com seus pensamentos além do jornal mais recente, admitem que também nenhum outro possa fazê-lo e que, portanto, tudo o que é falado ou escrito tem uma referência a esse jornal e deve servir-lhe de comentário. A estes lembro que Maquiavel já está morto há quase três séculos e que eu, em meus adendos, procedendo segundo seus princípios, apenas o complementei, assim como ele, algumas vezes, se tivesse querido penetrar mais profundamente no assunto, mas, na maioria das vezes, se não se tivesse limitado tão estritamente ao feitio de sua pátria naquele tempo e tivesse querido estender sua consi-

## CONCLUSÃO

deração também aos países que lhe eram bem conhecidos, de constituição civil mais firme, poderia, há três séculos, muito legitimamente, ter complementado a si mesmo. Em seguida, peço-lhes que considerem que ninguém pode dizer: — Vejam, aqui é visado isto e isto! — sem ter antes julgado consigo mesmo que isto e isto é efetivamente e de fato de tal modo que possa ser visado aqui; que, por isso, ninguém pode acusar de sátira um escritor que permanece no universal e que, na regra que abrange todo tempo, esquece qualquer tempo particular, sem confessar que já ele mesmo, como autor original e autônomo, fez essa sátira — e sem trair, de maneira extremamente tola, seus próprios pensamentos mais secretos.

Em segundo lugar, há aqueles que não têm pudor de coisa nenhuma, mas o têm das palavras para as coisas, e destas um pudor desmesurado. Podes pisá-los sob os pés, e o mundo todo pode ver; nisso não há para eles nem vergonha nem mal: mas se então se levantasse uma conversa sobre pisar com pés, isto seria um desgosto intolerável, e só agora começaria o mal; embora, além disso, ninguém racional e bem intencionado fosse levantar uma tal conversa por alegria com a desgraça alheia, mas exclusivamente para atinar com os meios para que o caso não se repita. O mesmo se dá com os males futuros; não querem ser perturbados em seus doces sonhos e por isso fecham firmemente os olhos ante o futuro. Mas como isso não impede que outros, que mantêm os olhos abertos, vejam o que se aproxima, e estes poderiam cair na tentação de dizer e chamar pelo nome o que veem, parece-lhes o meio mais seguro contra esse perigo proibirem ao vidente esse dizer e nomear; como se agora, na ordem inversa da efetividade,

do não-dizer se seguisse o não-ver, e do não-ver o não-
-ser. Assim o sonâmbulo se aproxima da beira do abismo;
por misericórdia, não lhe gritem, agora seu estado o põe
em segurança; mas, se acordar, ele se precipitará. Quem
dera que também os sonhos daqueles trouxessem consigo
os dons, os privilégios e a segurança do sonambulismo,
para que houvesse um meio de salvá-los sem gritar-lhes
e acordá-los. Assim dizem que o avestruz fecha os olhos
ante os caçadores que vêm ao seu encontro, também como
se o perigo que não lhe é mais visível simplesmente não
existisse mais. Não seria nenhum inimigo do avestruz
quem lhe gritasse: — Abre teus olhos, vê, ali vem o caçador,
foge para aquele lado para que lhe escapes.

# COLEÇÃO DE BOLSO HEDRA

1. *Iracema*, Alencar
2. *Don Juan*, Molière
3. *Contos indianos*, Mallarmé
4. *Auto da barca do Inferno*, Gil Vicente
5. *Poemas completos de Alberto Caeiro*, Pessoa
6. *Triunfos*, Petrarca
7. *A cidade e as serras*, Eça
8. *O retrato de Dorian Gray*, Wilde
9. *A história trágica do Doutor Fausto*, Marlowe
10. *Os sofrimentos do jovem Werther*, Goethe
11. *Dos novos sistemas na arte*, Maliévitch
12. *Mensagem*, Pessoa
13. *Metamorfoses*, Ovídio
14. *Micromegas e outros contos*, Voltaire
15. *O sobrinho de Rameau*, Diderot
16. *Carta sobre a tolerância*, Locke
17. *Discursos ímpios*, Sade
18. *O príncipe*, Maquiavel
19. *Dao De Jing*, Laozi
20. *O fim do ciúme e outros contos*, Proust
21. *Pequenos poemas em prosa*, Baudelaire
22. *Fé e saber*, Hegel
23. *Joana d'Arc*, Michelet
24. *Livro dos mandamentos: 248 preceitos positivos*, Maimônides
25. *O indivíduo, a sociedade e o Estado, e outros ensaios*, Emma Goldman
26. *Eu acuso!*, Zola | *O processo do capitão Dreyfus*, Rui Barbosa
27. *Apologia de Galileu*, Campanella
28. *Sobre verdade e mentira*, Nietzsche
29. *O princípio anarquista e outros ensaios*, Kropotkin
30. *Os sovietes traídos pelos bolcheviques*, Rocker
31. *Poemas*, Byron
32. *Sonetos*, Shakespeare
33. *A vida é sonho*, Calderón
34. *Escritos revolucionários*, Malatesta
35. *Sagas*, Strindberg
36. *O mundo ou tratado da luz*, Descartes
37. *O Ateneu*, Raul Pompeia
38. *Fábula de Polifemo e Galateia e outros poemas*, Góngora
39. *A vênus das peles*, Sacher-Masoch
40. *Escritos sobre arte*, Baudelaire
41. *Cântico dos cânticos*, [Salomão]
42. *Americanismo e fordismo*, Gramsci
43. *O princípio do Estado e outros ensaios*, Bakunin
44. *O gato preto e outros contos*, Poe
45. *História da província Santa Cruz*, Gandavo
46. *Balada dos enforcados e outros poemas*, Villon
47. *Sátiras, fábulas, aforismos e profecias*, Da Vinci
48. *O cego e outros contos*, D.H. Lawrence

49. *Rashômon e outros contos*, Akutagawa
50. *História da anarquia (vol. 1)*, Max Nettlau
51. *Imitação de Cristo*, Tomás de Kempis
52. *O casamento do Céu e do Inferno*, Blake
53. *Cartas a favor da escravidão*, Alencar
54. *Utopia Brasil*, Darcy Ribeiro
55. *Flossie, a Vênus de quinze anos*, [Swinburne]
56. *Teleny, ou o reverso da medalha*, [Wilde et al.]
57. *A filosofia na era trágica dos gregos*, Nietzsche
58. *No coração das trevas*, Conrad
59. *Viagem sentimental*, Sterne
60. *Arcana Cœlestia e Apocalipsis revelata*, Swedenborg
61. *Saga dos Volsungos*, Anônimo do séc. XIII
62. *Um anarquista e outros contos*, Conrad
63. *A monadologia e outros textos*, Leibniz
64. *Cultura estética e liberdade*, Schiller
65. *A pele do lobo e outras peças*, Artur Azevedo
66. *Poesia basca: das origens à Guerra Civil*
67. *Poesia catalã: das origens à Guerra Civil*
68. *Poesia espanhola: das origens à Guerra Civil*
69. *Poesia galega: das origens à Guerra Civil*
70. *O chamado de Cthulhu e outros contos*, H.P. Lovecraft
71. *O pequeno Zacarias, chamado Cinábrio*, E.T.A. Hoffmann
72. *Tratados da terra e gente do Brasil*, Fernão Cardim
73. *Entre camponeses*, Malatesta
74. *O Rabi de Bacherach*, Heine
75. *Bom Crioulo*, Adolfo Caminha
76. *Um gato indiscreto e outros contos*, Saki
77. *Viagem em volta do meu quarto*, Xavier de Maistre
78. *Hawthorne e seus musgos*, Melville
79. *A metamorfose*, Kafka
80. *Ode ao Vento Oeste e outros poemas*, Shelley
81. *Oração aos moços*, Rui Barbosa
82. *Feitiço de amor e outros contos*, Ludwig Tieck
83. *O corno de si próprio e outros contos*, Sade
84. *Investigação sobre o entendimento humano*, Hume
85. *Sobre os sonhos e outros diálogos*, Borges | Osvaldo Ferrari
86. *Sobre a filosofia e outros diálogos*, Borges | Osvaldo Ferrari
87. *Sobre a amizade e outros diálogos*, Borges | Osvaldo Ferrari
88. *A voz dos botequins e outros poemas*, Verlaine
89. *Gente de Hemsö*, Strindberg
90. *Senhorita Júlia e outras peças*, Strindberg
91. *Correspondência*, Goethe | Schiller
92. *Índice das coisas mais notáveis*, Vieira
93. *Tratado descritivo do Brasil em 1587*, Gabriel Soares de Sousa
94. *Poemas da cabana montanhesa*, Saigyō
95. *Autobiografia de uma pulga*, [Stanislas de Rhodes]
96. *A volta do parafuso*, Henry James
97. *Ode sobre a melancolia e outros poemas*, Keats
98. *Teatro de êxtase*, Pessoa

99. *Carmilla — A vampira de Karnstein*, Sheridan Le Fanu
100. *Pensamento político de Maquiavel*, Fichte
101. *Inferno*, Strindberg
102. *Contos clássicos de vampiro*, Byron, Stoker e outros
103. *O primeiro Hamlet*, Shakespeare
104. *Noites egípcias e outros contos*, Púchkin
105. *A carteira de meu tio*, Macedo
106. *O desertor*, Silva Alvarenga
107. *Jerusalém*, Blake
108. *As bacantes*, Eurípides
109. *Emília Galotti*, Lessing
110. *Contos húngaros*, Kosztolányi, Karinthy, Csáth e Krúdy
111. *A sombra de Innsmouth*, H.P. Lovecraft
112. *Viagem aos Estados Unidos*, Tocqueville
113. *Émile e Sophie ou os solitários*, Rousseau
114. *Manifesto comunista*, Marx e Engels
115. *A fábrica de robôs*, Karel Tchápek
116. *Sobre a filosofia e seu método — Parerga e paralipomena (v. II, t. I)*, Schopenhauer
117. *O novo Epicuro: as delícias do sexo*, Edward Sellon
118. *Revolução e liberdade: cartas de 1845 a 1875*, Bakunin
119. *Sobre a liberdade*, Mill
120. *A velha Izerguil e outros contos*, Górki
121. *Pequeno-burgueses*, Górki
122. *Um sussurro nas trevas*, H.P. Lovecraft
123. *Primeiro livro dos Amores*, Ovídio
124. *Educação e sociologia*, Durkheim
125. *Elixir do pajé — poemas de humor, sátira e escatologia*, Bernardo Guimarães
126. *A nostálgica e outros contos*, Papadiamántis
127. *Lisístrata*, Aristófanes
128. *A cruzada das crianças / Vidas imaginárias*, Marcel Schwob
129. *O livro de Monelle*, Marcel Schwob
130. *A última folha e outros contos*, O. Henry
131. *Romanceiro cigano*, Lorca
132. *Sobre o riso e a loucura*, [Hipócrates]
133. *Hino a Afrodite e outros poemas*, Safo de Lesbos
134. *Anarquia pela educação*, Élisée Reclus
135. *Ernestine ou o nascimento do amor*, Stendhal
136. *A cor que caiu do espaço*, H.P. Lovecraft
137. *Odisseia*, Homero
138. *História da anarquia (vol. 2)*, Max Nettlau